MATERIALIENSAMMLUNG STÄDTEBAU

Sonderheft

Beiträge zur kommunalen und regionalen Entwicklungsplanung

Festschrift für Prof. Dr.-Ing. Edmund Gassner

Herausgegeben von
PROF. DR.-ING. HERBERT STRACK

FERD. DÜMMLERS VERLAG · BONN

Dümmlerbuch 7741

ISBN 3-427-77411-2
Alle Rechte, insbesondere auch die der Übersetzung, des Nachdrucks, des Vortrages, der Verfilmung und Rundfunk- und Fernsehübertragung sowie jede Art der fotomechanischen Wiedergabe, auch Fotokopie, und der Speicherung in Datenverarbeitungsanlagen, auch auszugsweise, vorbehalten.
© 1973 Ferd. Dümmlers Verlag, 5300 Bonn 1, Kaiserstraße 31-37

Zum Geleit

Am 10.3.1973 vollendete Professor Dr.-Ing. Edmund Gassner das 65. Lebensjahr. Er wurde 1908 in Mainz geboren und besuchte dort das Humanistische Gymnasium. Nach dem Abitur folgten ein Jahr Fabrikarbeit und Baustellenpraxis, alsdann das Studium des Bauingenieurwesens an der Technischen Hochschule Darmstadt mit vertiefter Ausbildung in Städtebau und wirtschaftswissenschaftlichen Ergänzungsfächern. Nach der Diplomprüfung war er von 1934 bis Anfang 1939 als Wissenschaftlicher Assistent am Lehrstuhl für Städtebau und städtischen Tiefbau tätig. Dann ging er in die Praxis, zunächst zu einem gemeinnützigen Wohnungsunternehmen als Bauleiter, anschließend war er Hilfsreferent bei der Reichsstelle für Raumordnung in Berlin. Während des Krieges wurde er als Soldat eingezogen, im weiteren Verlauf zum Generalinspektor für das deutsche Straßenwesen abgeordnet, wo er mit Aufgaben der Straßenplanung betraut war.

Von 1945 bis 1950 war Gassner Referent beim Regierungspräsidenten in Darmstadt für die Sachgebiete Städtebau und Bezirksplanung. In dieser Zeit promovierte er zum Dr.-Ing. an der Technischen Hochschule Darmstadt mit einer Untersuchung über wirtschaftliche Erschließung im sozialen Wohnungsbau. 1951 wurde er als Extraordinarius an die Universität Bonn berufen, wo er einen Lehrstuhl für Planungswesen aufbaute. 1954 erfolgte die Ernennung zum ordentlichen Professor und zum Direktor des Instituts für Städtebau, Siedlungswesen und Kulturtechnik. Sein Aufgabengebiet umfaßt die Ausbildung von Studierenden vornehmlich der Geodäsie auf den Gebieten Städtebau, Verkehrswesen und Regionalplanung. 1959/60 war er Dekan der Landwirtschaftlichen Fakultät und 1966/67 Rektor der Universität.

Edmund Gassner ist durch zahlreiche Vorträge, Gutachten und Veröffentlichungen auf dem Gebiet der Bauleitplanung und der Regionalplanung hervorgetreten. Er gehört zahlreichen wissenschaftlichen Gremien im Bereich des Städtebaus, der Landesplanung und des Verkehrswesens an und war mehrfach als Preisrichter bei verschiedenen Wettbewerben tätig. Seine wissenschaftliche Arbeit ist vorzugsweise der Aufgabe gewidmet, ingenieurtechnische und wirtschaftliche Grundlagen im Städtebau und in der Regionalplanung zu erarbeiten und ihnen Geltung zu verschaffen. Dabei ist es ihm ein besonderes Anliegen, den Problemen, die sich im Bereich der Erschließung und technischen Infrastruktur ergeben, nachzugehen, andererseits aber auch die Belange des Denkmalschutzes und der Landschaftspflege mit sozialen, technischen und ökonomischen Notwendigkeiten in Einklang zu bringen. Zahlreiche Arbeiten auf dem Gebiet der Bauleitplanung, der Verkehrsplanung und der Siedlungswasserwirtschaft, Untersuchungen für Sanierungsgebiete sowie Gutachten zur Entwicklung von Nahbereichen in ländlichen Gebieten dokumentieren dieses Anliegen.

Besonders zu schätzen ist, daß er sich dabei vor allem der Sorgen der häufig übersehenen kleineren Gemeinden in ländlichen Gebieten angenommen hat. Daß im Zuge städtebaulicher Planung und Bodenpolitik auch der Wunsch nach breiter Eigentumsstreuung angemessen Berücksichtigung findet, ist für ihn eine ernste Angelegenheit, die er gerade durch das Aufzeigen wirtschaftlicher Planungsmöglichkeiten zu fördern sucht.

Großen Wert hat er stets auf eine enge Verflechtung von Lehre und Forschung gelegt, wobei die Forschungsaufgaben aus drängenden Fragen der Praxis abgeleitet werden und die Ergebnisse wieder in die Lehre und in die planerische Praxis einfließen. Dabei kommt es ihm darauf an, den Studierenden über praxisnahes, d.h. problembezogenes "forschendes Lernen" eine breite Grundlage zu vermitteln, so daß sie in die Lage versetzt werden, planerische Probleme in einen städtebaulichen und regionalen Zusammenhang einzuordnen und im späteren Berufsleben in der immer wichtiger werdenden interdisziplinären Zusammenarbeit ihren Mann zu stehen. Schwerpunkte seiner Bemühungen in Forschung und Lehre liegen in der Erkundung quantitativer Zusammenhänge und der Erarbeitung technisch-ökonomischer Gestaltungsregeln kommunaler und regionaler Entwicklungsplanung, wobei der historische Hintergrund und die Sorge um die Umweltqualität gleichbedeutend erscheinen.

Der Jubilar hat seinen Mitarbeitern ein vielschichtiges und interessantes Tätigkeitsfeld erschlossen, wobei ihm - so sei gestattet anzumerken - die Begeisterung der Jugend und die Unterscheidungskraft des Alters, die Achtung vor der Eigenart seiner Gesprächspartner und nicht zuletzt auch der Sinn für Humor eine Ausstrahlung verleihen, die vielerlei Anregungen vermittelt und eine fruchtbare Zusammenarbeit im Institut gewährleistet. Hierbei ist sein Engagement nicht nur auf die Ausleuchtung fachlicher Beziehungsfelder begrenzt, von jeher hat er sich auch für berufsständische Fragen und berufsethische Verantwortung eingesetzt. Als Dank für sein Wirken und mit dem herzlichen Wunsch für weitere fruchtbare Jahre haben ihm ehemalige und derzeitige Mitarbeiter diese Festschrift gewidmet.

Bonn, 4. Mai 1973

Herbert Strack

INHALTSÜBERSICHT

	Seite

Berthold Baitsch, Eiko Lübbe
Wasserwirtschaftliche Probleme im Bereich der räumlichen Planung (Stadtsanierung) in Baden-Baden — 7

Joachim v. Barby
Bodenwertentwicklung und Finanzierungsmöglichkeiten bei städtebaulichen Entwicklungsmaßnahmen — 18

Ursula Blatz
Problematik der Flächennutzungsplanung aus der Sicht eines Planungsteams im privatwirtschaftlichen Bereich — 32

Dieter Bohr, Josef Stegt
Innen- und Außenbefragung - Methoden zur Ermittlung der Verflechtungsbereiche Zentraler Orte — 41

Aloys Budde
Bauleitplanung zwischen Wollen und Wirklichkeit — 56

Hartmut Eicker, Rolf Grundmann
Aspekte zur Wohnwertbestimmung — 63

Hans-Peter Ellsiepen
Betrachtungen zum Ackerbau der 80er Jahre, Landschaftsbild und Landschaftspflege — 73

Klaus Fischer
Regeionalplanung auf dem Weg zur Entwicklungsplanung - das Beispiel Westpfalz - — 82

Joachim Fritz
Zur Regionalplanung in Entwicklungsländern — 97

Herbert Grabe
Voraussetzungen, Kosten und Finanzierung von städtebaulichen Entwicklungsmaßnahmen — 107

Manfred Hofstädter
Kriterien zur Zielgrößenbestimmung bei Siedlungseinheiten in Randzonen von Verdichtungsgebieten — 125

Seite

Christiane Holz

Soziologische Aspekte bei der örtlichen Bestandsaufnahme zur Sanierungsplanung 137

Heinz Hubert Menne

Städtebau und Grundstücksdatenbank 145

Herbert Millgramm, Hans Radermacher

Untersuchungen der Leistungsfähigkeit in Rohrsystemen 151

Hans Radermacher, Erich Korsten, Volker Mertens

Ein mathematisches, nichtlineares Niederschlagsabflußmodell 166

Heinrich Richard

Gedanken zur Didaktik im Studienfach Raumplanung 185

Herbert Strack

Grundsätze für die Erschließungsplanung 196

Rudolf Swoboda

Sanierung und Verkehrsplanung als Elemente kommunaler Entwicklungsplanung (Zusammenhänge und Wechselwirkungen) 210

Anschriften der Verfasser 223

Berthold Baitsch, Eiko Lübbe

WASSERWIRTSCHAFTLICHE PROBLEME IM BEREICH DER
RÄUMLICHEN PLANUNG (STADTSANIERUNG) IN
BADEN-BADEN

Die tiefgreifende Veränderung des wissenschaftlichen Begriffes Wasserwirtschaft beruht in der Erkenntnis, daß die natürlichen Aufgaben und Möglichkeiten der Gewässer, die jahrzehntelang mißachtet wurden, systematisch untersucht und in ihrer Ganzheit betrachtet werden müssen. Heute versteht man daher unter Wasserwirtschaft in der allgemeinen Form die "zielbewußte Ordnung aller menschlichen Einwirkungen auf das ober- und unterirdische Wasser".

Mit zunehmender Besiedlungsdichte in Verdichtungsgebieten, mit sprunghaft ansteigender Industrialisierung und der damit einhergehenden zivilisatorischen und technischen Entwicklung sind die Auswirkungen auf das lebensnotwendige Element Wasser sehr groß und leider weithin zwangsläufig. Um erforderliche Verbesserungen der wasserwirtschaftlichen Situation durchführen zu können, müssen heute große Anstrengungen unternommen werden, die meistens um so kostspieliger werden, je weniger das Planungselement Wasser bei Landesplanung und Raumforschung berücksichtigt wurde. Außerdem kann dadurch die Durchführung späterer wasserwirtschaftlicher Programme erheblich erschwert oder gar in Frage gestellt werden.

Im folgenden sollen nun wasserwirtschaftliche Probleme am Beispiel der Stadt Baden-Baden geschildert werden, die im besonderen den Hochwasserschutz betreffen; weiterhin sollen Möglichkeiten aufgezeigt werden, die zur Beseitigung der Mißstände dienen können.

Am Nordwestrand des Schwarzwaldes liegt der wegen seiner radioaktiven Kochsalzthermen weithin geschätzte und international bekannte Kurort Baden-Baden. Mitten durch die Stadt fließt die Oos mit einem Einzugsgebiet von $66,2 \text{ km}^2$. Vom Zusammenfluß des Oosbaches und des Grobbaches an verläuft die Oos auf rd. 8,0 km Länge durch das engere Stadtgebiet von Baden-Baden. Entlang der beiden Quellflüsse befindet sich ebenfalls eine mehr oder weniger dichte Bebauung.

In letzter Zeit sind im Stadtkern umfangreiche Sanierungsmaßnahmen ergriffen und drei Bezirke als Erweiterungsgebiete der Stadt ausgewiesen worden. Bis vor kurzem machten sich die Stadtplaner über wasserwirtschaftliche Belange, die die Oos betreffen, kaum Gedanken; sie wurden fast überhaupt nicht in Erwägung gezogen. Dabei kann damit gerechnet werden, daß etwa 20-jährige Hochwässer bereits große Teile des Bebauungsgebietes überfluten und ganz erhebliche Schäden verursachen können. Zuletzt geschah dies im Dezember 1947, davor im Sommer 1931. Inzwischen sind zahlreiche weitere wertvolle städtische und private Einrichtungen in den gefährdeten Gebieten entstanden, die bei einem erneuten Hochwasser empfindlich in Mitleidenschaft gezogen würden. Der Schaden wäre deshalb ungleich höher als vor 25 Jahren. Die Ursache ist darin zu suchen, daß die Oos trotz verschiedener Verbesserungsmaßnahmen nicht überall die Leistungsfähigkeit besitzt, die angesichts der zu erwartenden großen Hochwässer nötig wäre. Und es ist sogar damit zu rechnen, daß aufgrund der zunehmenden Flächenversiegelung durch die Erweiterungsgebiete die Oos noch häufiger über die Ufer tritt, wenn keine Gegenmaßnahmen getroffen werden.

Hinzu kommt, daß im Stadtkern in nächster Zukunft umfangreiche verkehrstechnische Probleme zu lösen sind, die auch die Oos unmittelbar betreffen. Es gibt kaum ein anderes Gewässer im Schwarzwald, bei dem auf eine so große Länge eine so innige Verflechtung des beherrschenden Flusses mit seiner Umgebung festgestellt werden kann. Wo dies annähernd vergleichsweise der Fall ist, sind in den vergangenen zwei Jahrzehnten umfangreiche staatliche Ausbaumaßnahmen durchgeführt worden (Murg, Areko, Kinzig). Jetzt wollen auch die zuständigen Stellen in Baden-Baden die Situation an der Oos verbessern. Denn je länger mit den erforderlichen Maßnahmen im allgemeinen gewartet wird, desto kostspieliger gestalten sich die Baumaßnahmen.

Die Oos ist für die Kurstadt und das Weltbad zweifellos eine Bereicherung - normalerweise. Ästhetisch gut eingefügt, fließt sie durch die gepflegten Anlagen z.B. der Lichtentaler Allee und ist deshalb aus dem Gesamtbild der Kuranlage nicht wegzudenken. In diesem Flußabschnitt treten allerdings zwei Probleme auf. Einmal werden die Anlagen schon bei einem 10-jährigen Hochwasser überflutet, und es entstehen erhebliche Schäden, zum anderen kann auch das Gegenteil eintreten, nämlich kaum Wasser abfließen. Diese zeitweise auftretenden Perioden des geringsten Abflusses (NNW) führen zu starken Geruchsbelästigungen für die Einwohner und besonders für die Kurgäste. Die Selbstreinigungskraft der Oos reicht in diesen kritischen Zeitabschnitten nicht aus, die eingeleiteten Abwässer schad- und geruchlos aufzunehmen.

Außerdem ist diese Situation für die Fischerei sehr bedenklich, da der Fischreichtum der Oos mit seinen Nebenflüssen ein nicht zu unterschätzender Faktor ist. Damit sind auch Überlegungen einer eventuell möglichen Niederwasseraufbesserung am Platze.

Die Hochwasserprobleme an der Oos betreffen nicht nur die Stadt und ihre Bürger selbst, sondern auch die Bundesbahn wegen des seinerzeit viel zu eng erstellten Durchlasses am Bahnhof Oos sowie die Anlieger am Oos-Sandbachkanal und diejenigen im Bereich der Alten Oos und des Kreitgrabens bis nach Rastatt. In diesem Zusammenhang spielt auch die Frage der Entwässerung des Stadtteiles Baden-Oos neben den geplanten Erweiterungen eine nicht untergeordnete Rolle. Schließlich sei auch noch erwähnt, daß mit dem weiteren Ausbau des Rhein-Seitenkanals auch das Interesse einer modernen, für die Belange der Wasserwirtschaft am Rhein zweckmäßigen Lösung der HW-Frage aller Schwarzwaldgewässer mit Vorflut in den Rhein verbunden ist.

Um diese allgemein angesprochenen Problemkreise genauer erfassen zu können, waren umfangreiche Untersuchungen notwendig, die in einem Gutachten dargelegt wurden.

Zunächst galt es, die tatsächliche Leistungsfähigkeit der Oos zu ermitteln. Anläßlich einer Begehung der Strecke wurden sehr unterschiedliche Profilarten und Zustände des Flußbettes festgestellt. Teils hatten sich die Querschnitte durch Anlandungen, Verwachsungen und Baumbestände in einem natürlichen Prozeß verändert, und niemand hatte in der Zwischenzeit für entscheidende Abhilfe gesorgt, teils wurden Streckenabschnitte im Stadtkern unter dem Aspekt verdohlt, Freiflächen zu schaffen. Nach eingehenden Berechnungen kristallisierte sich das folgende, zu erwartende Ergebnis heraus:

Abgesehen von kleineren Engpässen im Oberlauf der Oos bildet die Bundesbahntrasse, die die Oos im Unterlauf kreuzt, den eigentlichen hydraulischen Engpaß. Obwohl die anfallenden Wassermengen in 3 Teilabflüsse aufgespalten werden, bevor sie die Trasse der Bundesbahn unterqueren, reicht die Summe der möglichen Abflüsse für eine sichere Abführung der Hochwässer nicht aus. Es können insgesamt nicht einmal 60 m^3/sec. gefahrlos aufgenommen werden.

Im Oberlauf der Oos wechseln Strecken sehr hoher Leistungsfähigkeit (z. T. über 160 m^3/sec) mit jenen ab, die in einzelnen Fällen bis 40 m^3/sec. abfallen. Es ist unschwer festzustellen, daß der derzeitige Ausbau der Oos und des Ooskanales mit den Bundesbahndurchlässen bei weitem nicht ausreicht, mögliche Hochwassersituationen zu beherrschen, wie aus den hydrologischen Untersuchungen hervorgeht, die im folgenden kurz dargestellt werden sollen.

Um das Abflußverhalten eines Vorfluters richtig beurteilen zu können, sind im Idealfall langjährige Regenschreiberaufzeichnungen der Niederschläge aus dem Einzugsgebiet nötig und dazu entsprechende Pegelaufzeichnungen. Für kleine Einzugsgebiete, wie das der Oos, existieren meistens keine ausreichenden Unterlagen, so daß man sich mit lückenhaften Werten zufriedengeben muß. Damit trotzdem Niederschlag und Abfluß annähernd richtig erfaßt werden können, sind Regressionsanalysen mit benachbarten Einzugsgebieten unerläßlich, von denen zum Teil wesentlich bessere Unterlagen zur Verfügung stehen.

Im Falle der Oos wurde ein Vergleich mit den Einzugsgebieten der Murg, Bühlot, Acher, Rench und dem Schwarzenbach angestellt. Diese Einzugsgebiete liegen sämtlich im Naturraum des Schwarzwaldes. Vergleichende Betrachtungen nach topographischen, morphologischen, geologischen und hydrographischen Gesichtspunkten erlaubten, wegen der geringen Ähnlichkeitsunterschiede auf eine relative Übereinstimmung der Abflußverhalten zu schließen.

In Bezug auf die bisher aufgetretenen Starkniederschläge gehört die Oos demnach zu den Gebieten, die sehr gefährdet sind.

Als 60 - 100-jähriges Ereignis kann man den Gebietsniederschlag vom 2.8.1931 mit Hq = 2.100 l/sec. km^2 für die Oos bezeichnen. Der Spitzenabfluß betrug dabei etwa 136 m^3/sec. Aus HW-Marken an der Oos konnten noch weitere Hochwässer annähernd zurückgerechnet werden, die aus der Zeit vor 1930 datieren, als es noch keine Aufzeichnungen gab. Analog der Kinzig, deren hydrologischer Verlauf seit 1828 bekannt ist, ergab sich nach Hochrechnung für die Oos ein HHQ = 140 m^3/sec. Sämtliche Werte wurden nach verschiedenen herkömmlichen Methoden bestimmt und gegenübergestellt. Bei einer geringen Schwankungsbreite von 15 % konnte mit einiger Berechtigung als obere Schranke für 100-jährige Hochwässer und Abflüsse 140 m^3/sec. bei einem gerechneten Hq = 2.200 l/sec. km^2 gesetzt werden. Das Verfahren des Unit Hydrographs wurde durch die empirisch gefundenen Werte darüber hinaus bestätigt.

Der bisher bekannte Höchstabfluß von 140 m^3/sec. wird beim heutigen Ausbaugrad der Oos an etwa 50 % der Gesamtstrecke nicht erreicht. Diese Situation führt dazu, daß der Stadt Baden-Baden wertvolle Geländeflächen für eine Bebauung verloren gehen könnten, da diese als Überschwemmungsflächen ausgewiesen werden müßten.

Es ergaben sich nun folgende Möglichkeiten, auftretende Hochwässer im Einzugsgebiet der oberen Oos und im Stadtbereich Baden-Baden zu beherrschen:

1. Ausbau der Oos und des Oos-Kanals auf HHQ
   ($140 \text{ m}^3/\text{sec.}$) als alleinige Maßnahme,

2. Verlegung der Oos außerhalb des Stadtbereiches,

3. Belassung der gegenwärtigen Ausbaustufe mit einer vorhandenen Leistungsfähigkeit von etwa $60 \text{ m}^3/\text{sec.}$ und Drosselung der Hochwasserspitzen ausschließlich durch Rückhaltung im Oosbach und Grobbach,

4. Ausbau der Oos und des Oos-Kanals auf verschiedene Ausbaustufen und Hochwasser-Rückhaltung in den oben genannten Gebieten.

Der Fall 1 ist möglich, aber nach eingehenden Untersuchungen schied dieser Vorschlag aus, da außerordentlich umfangreiche flußbauliche Maßnahmen im gesamten Gebiet bis zum Zusammenfluß Grobbach - Oosbach erforderlich wären, die nicht allein aus Kostengründen abzulehnen sind. Darüber hinaus wäre wertvolles Bauland gerade im Stadtkern als Flutraum vorzusehen und könnte anderweitig nicht genutzt werden. Ganz abgesehen davon, daß die Baumaßnahmen zu jahrelangen Behinderungen in der Stadt führen würden.

Der Fall 2 scheidet schon aus topographischen Gründen aus.

Die Alternative zur ersten Möglichkeit ist die dritte. Art und Umfang der wasserbaulichen Maßnahmen beschränken sich auf teilweise geringe Ufererhöhungen und Gebäudesicherungen.

Inwiefern nun diese Variante geplant und durchgeführt wird, oder der Fall 4 mit verschiedenen Ausbaustufen und HW-Rückhaltung angestrebt werden soll, konnte letzten Endes nur eine Kosten - Nutzen-Analyse erbringen. Dabei stellte sich heraus, daß ein Kostenminimum eintritt bei einem Ausbau der Oos auf 80 m^3/sec. und einer zusätzlichen Hochwasserrückhaltung durch je 1 Becken im Oosbach und Grobbach.

Über den letztgenannten Ausbau-Vorschlag kann allerdings erst entschieden werden, wenn aufgrund eines geologischen Gutachtens folgende wesentliche Punkte positiv beurteilt werden:

1. Ist der Bau von Dämmen oder Betonsperren in der vorgesehenen Sperrenachse in bezug auf die Tragfähigkeit des Baugrundes möglich oder wirtschaftlich zu ermöglichen?

2. Kann ein negativer Einfluß des Dauerstaues bzw. der gelegentlichen Einstaue auf die Thermalquellen der Stadt Baden-Baden ausgeschlossen werden?

3. Ist das eingestaute Gelände dicht genug, so daß keine schädlichen Sickerströmungen größeren Umfangs auftreten?

4. Besteht beim Einstau der Sperren Rutschgefahr innerhalb des Sperrenraumes von den Hängen her?

Sind diese Fragen geklärt und kommt es zu einem Teilausbau der Oos sowie zur Anlage von Rückhaltebecken, wie im Gutachten vorgeschlagen, dann lassen sich auf lange Sicht eine Reihe von Vorteilen anführen, deren Bedeutung man heute villeicht noch gar nicht abschätzen kann. Einer davon ist, wie bereits erwähnt, die NW-Aufbesserung, die bei einem Abfluß von 200 l/sec. leicht über 4 Wochen aufrecht erhalten werden kann. Dafür ist ein Rückhaltevolumen von etwa 100.000 m^3 nötig.

Des weiteren können sich die Rückhaltebecken für die Zukunft als Trink- und Brauwasserspeicher für eventuell eintretende Notfälle eignen. Die Sperren würden mit ihrem Bereitschaftswasser, das für etwa 3 Wochen ausreicht, eine sofortige Notversorgung garantieren, wenn es in der Zwischenzeit nicht regnen sollte. Das Grundwasserwerk von Baden-Baden liegt nur 12 km entfernt, und es würden nur Kosten für die Verlegung einer Rohrleitung dorthin entstehen.

Der Dauerstau am Grobbach, der etwa 7 km von der Stadt entfernt liegt, würde sich vorzüglich als Naherholungsgebiet eignen. Voraussetzung dafür ist allerdings eine planvolle Landschaftsgestaltung, die mit den allgemeinen wasserwirtschaftlichen und städtebaulichen Planungen Hand in Hand gehen müßte.

Im Zuge der Stadtsanierung ergibt sich für Baden-Baden ein weiterer, großer Vorteil in Form von erheblichem Geländegewinn. Das ganze Areal im Unterlauf der Oos kann ohne Rücksicht auf die Zerschneidung des Gebietes durch die Umfluter neu geordnet werden, wenn nur einer der Vorfluter entsprechend ausgebaut wird und die anderen aufgelassen werden.

Zum Schluß soll noch ein sehr ernstes Problem angeschnitten werden, das sich nicht nur auf Baden-Baden beschränkt, sondern allgemeiner Art ist: die Freihaltung von vorhandenen Hochwasserabflußgebieten und von künftigen oberirdischen Speicherräumen.

Die Schwierigkeiten beginnen schon bei der Erschließung

von Siedlungsgebieten im Unterlauf der Gewässer. Bäche und Flüsse werden eingedeicht, um Bauland zu gewinnen. Dadurch wird das Gelände zwar hochwasserfrei, aber es verliert sein natürliches Rückhaltevermögen. Der Abfluß beschleunigt sich, und es tritt gerade das ein, was nicht einer geordneten Wasserwirtschaft entspricht: aus einem Nährgebiet wird ein Zehrgebiet.

Die zunehmende Besiedlung der Tallandschaften im Oberlauf der Flüsse macht oft auch an projektierten Talsperren nicht halt, obwohl diese die Kernstücke jeder Wasserwirtschaftsplanung bilden. Diese gefährliche Entwicklung wird auch durch die anschwellende Stadtflucht (der Industrie) noch gefördert. Um verfügbare Speicherräume nicht preisgeben zu müssen, ist eine vernünftige Bodenpolitik, mithin eine Regionalplanung unter besonderer Berücksichtigung der Wasserwirtschaft dringend notwendig. Nur so kann das gestörte Gleichgewicht der Natur durch sinnvolle Maßnahmen wiederhergestellt werden.

LITERATURVERZEICHNIS

(1) Baitsch, B.:   Hochwasserführung der Oos. Gutachten
                     vom 2.10.1969.

(2) Mendel, G.:   Das Unit-Hydrograph-Verfahren und
                     seine Anwendung auf zwei deutsche
                     Flußgebiete. DGM 3/68 und 6/68.

(3) Wechmann, A.:   Hydrologie. R. Oldenburg-Verlag.
                     München 1964.

(4) Schwarzmann, R.: Hydrologisch bemerkenswerte Erfahrungen
                     über katastrophale Unwetter-HW in
                     Deutschland. In: Die Wasserwirtschaft
                     1952/53 H. 3.

(5) Richter,   Aus Theorie und Praxis der HW-Be-
                     kämpfung durch Rückhaltebecken.
                     In: Die Wasserwirtschaft, 1966 H. 4.

(6) Regierungs-Präsidium Südbaden: Ermittlung des 100jährigen
                     HW-Abflusses des Oosbaches in Baden-
                     Baden nach Graßberger.
                     Deutsche Wasserwirtschaft 1936, H. 9 u. 10.

(7) Stadtbauamt Baden-Baden: Bericht an das Hydrographische
                     Büro der Wasser- und Straßenbaudi-
                     rektion Karlsruhe vom 5.11.1931.

(8) Hartge-Ruppert: Die ergiebigen Stark- und Dauerregen
                     in Süddeutschland nördlich der Alpen.
                     Selbstverlag der Bundesanstalt für
                     Landeskunde. Bad Godesberg 1959.

Joachim v. Barby

BODENWERTENTWICKLUNG UND FINANZIERUNGSMÖGLICHKEITEN BEI STÄDTEBAULICHEN ENTWICKLUNGSMASSNAHMEN

Einer der Kernpunkte des am 27.7.1971 erlassenen Städtebauförderungsgesetzes, die Abschöpfung des Bodenwertzuwachses, ist allgemein begrüßt worden. Dabei geht es um die Werterhöhung infolge von Planungsentscheidungen (Landes-, Regional- und Bauleitplanung) und von Infrastrukturmaßnahmen, der keine Leistungen der Grundeigentümer gegenüberstehen. Der Ausbau des Systems eines Ausgleichs für den Vorteil einer bestimmten baulichen Nutzbarkeit von Grundstücken und für die damit verbundene Bodenwertsteigerung, der bei städtebaulichen Maßnahmen nach dem Städtebauförderungsgesetz in Form von Veräußerungsmehrwerten bzw. Ausgleichszahlungen abgeschöpft wird, im allgemeinen Bodenrecht ist von verschiedenen Seiten empfohlen worden. Die SPD schlägt einen allgemeinen "Planungswertausgleich" vor (Papier der "Kommission für Bodenrecht", Juli 1972), die CDU einen "Infrastrukturbeitrag" ("Grundsätze zur Fortentwicklung des Bodenrechts" der Arbeitsgruppe Bodenrecht, August 1972), der Juristentag einen "Gemeinschaftskostenbeitrag" (Beschlüsse des 49. Juristentages zum Bodenrecht, September 1972). Die evangelische und die katholische Kirche sprechen sich für einen "pauschalierten Kostenanteil" an den öffentlichen Investitionen aus, die zu dem Mehrwert von Bauland gegenüber landwirtschaftlich genutztem Boden führen ("Soziale Ordnung des Baubodenrechts", Gemeinsames Memorandum, Februar 1973). Im Entwurf einer Novelle des Bundesministers für Raumordnung, Bauwesen und Städtebau zum Bundesbaugesetz vom Februar 1973 ist die Erhebung von Ausgleichsbeträgen für Grundstücke im Geltungsbereich von Bebauungsplänen vorgesehen.

Jeder der gegenwärtig diskutierten Reformvorschläge, gleichgültig ob er auf eine Beitragslösung oder auf die Abschöpfung einer Wertdifferenz abzielt, läuft darauf hinaus, daß die Gemeinden besser in die Lage versetzt werden, ein rechtzeitig verfügbares, ausreichend bemessenes und auch gut erreichbares Infrastrukturangebot zu schaffen. Eine unzureichende Infrastrukturausstattung bietet heute häufig, insbesondere in neuen Wohnsiedlungen, Anlaß zur Kritik.

Es bleibt zu hoffen, daß sich praktikable und wirksame Lösungen für eines der wichtigsten Bodenprobleme, nämlich die Einschränkung der Privatisierung des Wertzuwachses bei der Umwidmung von landwirtschaftlichem Boden in Bauland durchsetzen lassen.

Einige Probleme bei der Abschöpfung des Bodenwertzuwachses in Form der Veräußerungsmehrwerte im Rahmen städtebaulicher Entwicklungsmaßnahmen sollen nachfolgend an Hand eines Rechenbeispiels angesprochen werden. Gegenwärtig laufen die ersten, nicht sehr zahlreichen Entwicklungsmaßnahmen gerade an; ihre Durchführung wird mehrere Jahre beanspruchen. Konkrete Ergebnisse werden deshalb erst später vorliegen.

Von entscheidendem Einfluß auf die Höhe des abschöpfbaren Entwicklungsmehrwertes (§ 23 Abs. 2 und § 59 Abs. 5 StBauFG) bzw. des Ausgleichsbetrages (§ 54 Abs. 3 StBauFG) ist die Baulandqualität des Bodens und damit der Bodenpreis. Lediglich die Werterhöhungen, die durch die Aussicht auf die Entwicklungsmaßnahme, durch ihre Vorbereitung oder ihre Durchführung eingetreten sind, können bei der Bemessung von Ausgleichs- und Entschädigungsleistungen ausgeklammert werden. Bevor eine Entwicklungsmaßnahme in Aussicht steht, kann sich aber bereits eine subjektive Bauerwartung gebildet haben. Wie in BILD 1 in Anlehnung an Bonczek (1) dargestellt ist, könnte sich hier bereits ein sprungartiger oder auch ein kontinuierlich ansteigender Bodenwert ergeben. Selbst dort, wo sich bei land- und forstwirtschaftlich genutzten Grundstücken ein solcher über den Ertragswert hinausgehender Bauerwartungswert noch nicht gebildet hat (§ 57 Abs. 4 StBauFG), ist er einer Entschädigungsregelung zugrundezulegen (vgl. auch Gaentzsch (2), § 57 Anm. 3). Diese Inkonsequenz des Gesetzes in der Frage der Abschöpfung des nicht durch eigene Aufwendungen des Grundbesitzers bewirkten Wertzuwachses ist bekannt. Bei der Heranziehung von Vergleichspreisen in diesen Fällen (§ 22 Abs. 3 der Wertermittlungsverordnung - WertVO - i.d.F. vom 15.8.1972) kann es nach wie vor zu beträchtlichen Entschädigungsbeträgen kommen, ohne daß von einer formellen Entwicklungsmaßnahme die Rede ist. Dieterich und Farenholtz sind der Meinung, daß auch die Aussicht auf alle Entwicklungen im Sinne des § 1 Abs. 3 StBauFG und nicht nur die auf die formellen Maßnahmen unberücksichtigt bleiben müßte ((3), S. 180). Offen bleiben dabei allerdings die Fragen, ob man eine eindeutige Unterscheidung in eine generelle Bauerwartung, die zu entschädigen oder einer Entschädigungsregelung zugrundezulegen ist, und in die Erwartung einer zwar nicht festzulegenden, jedoch im Ausmaß § 1 Abs. 3 StBauFG entsprechenden städtebaulichen Entwicklung, die u.U. nicht entschädigt zu werden braucht, vornehmen kann und ob sich zwischen den beiden Erwartungsstufen überhaupt noch nennenswerte Wertdifferenzen ergeben.

Eine Wertfestsetzung, die von der Baulandqualität ausgeht, dürfte vielfach schwieriger sein als eine solche mit der

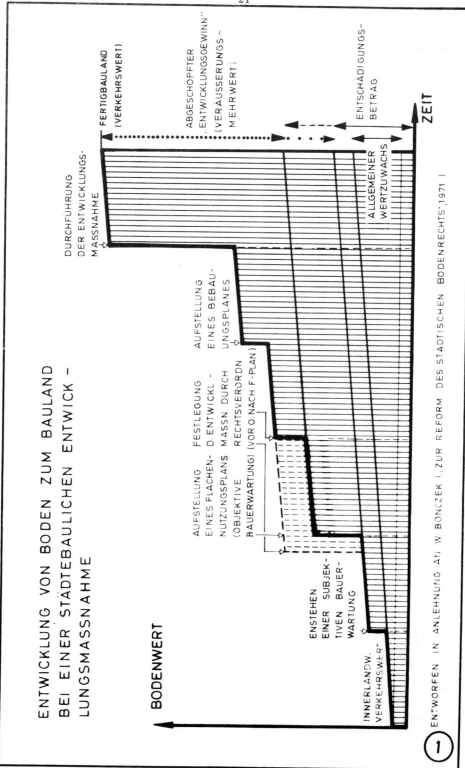

"Fristenregelung", wie sie der Novellierungsentwurf des Bundesbaugesetzes vorsieht (Nichtberücksichtigung von Werterhöhungen innerhalb eines Zeitraumes von 4 Jahren vor Bekanntmachung des Aufstellungsbeschlusses für einen Bebauungsplan).

Außer einer subjektiven kann auch eine objektive, durch die Aufstellung eines Flächennutzungsplanes bewirkte Bauerwartung in die Entschädigungsregelung eingehen, wenn von einer Aussicht auf die Entwicklungsmaßnahme erst nach dem Inkrafttreten eines Flächennutzungsplanes gesprochen werden kann. Erfahrungsgemäß führt dieser Rechtsakt zu erheblich höheren Preisvorstellungen auf dem Bodenmarkt. Aus BILD 1 wird deutlich, wie stark der abschöpfbare Entwicklungs"gewinn" vom Stand der Bauleitplanung abhängt.

Nun ist bei den zu zahlenden Bodenpreisen jedoch zu bedenken, daß die Ankaufspreise vielfach höher sein werden als die entsprechend § 22 WertVO ermittelten Werte. Coordes (4) nennt dafür im wesentlichen folgende Gründe:

- Vermeidung einer Enteignung wegen der Erhöhung der Entschädigungsbeträge um den allgemeinen Wertzuwachs (§ 23 Abs. 2 StBauFG) im Laufe des Enteignungsverfahrens,

- Probleme der politischen Durchsetzbarkeit von Zwangsmaßnahmen, insbesondere bei kleineren Gemeinden, wo häufig enge Verbindungen zwischen Entscheidungsträgern und Landeigentümern bestehen,

- Unsicherheiten über die zu erwartende Rechtsprechung im Streitfalle.

Insgesamt besteht die Befürchtung, daß doch ein erheblicher Teil der Entwicklungsgewinne den Grundeigentümern verbleibt, wenn es nicht gelingt, die Entwicklungsmaßnahmen frühzeitig festzusetzen und in Angriff zu nehmen.

Welche Auswirkungen niedrige und hohe Ankaufpreise auf die Finanzierung der Entwicklungsmaßnahmen haben, soll am Beispiel eines städtebaulichen Projektes für etwa 8.000 Einwohner mit einer Bruttobaufläche von 65 ha veranschaulicht werden. Ob dieses Untersuchungsbeispiel tatsächlich als Entwicklungsmaßnahme im Sinne von § 53 Abs. 1 StBauFG anzusehen ist oder nicht, ist hier ohne Belang. An Hand einer Fallstudie können aber konkrete Aussagen über den Infrastrukturaufwand gemacht werden.

In BILD 2 wird ein Vergleich der Produktionskosten des Baubodens für dieses Beispiel einmal ohne und zum anderen mit Anwendung des bodenrechtlichen Instrumentariums des Städtebauförderungsgesetzes gebracht, wobei im letzteren Falle unterschiedliche Ankaufspreise und Verkehrswerte nach Durchführung der Entwicklungsmaßnahme angesetzt wurden.

Im Falle I (keine Anwendung des StBauFG) sind Bauleitpläne aufgestellt worden, eine Umlegung mit Ausscheidung und Übereignung von Erschließungsflächen erübrigte sich, weil das Land im Besitz nur sehr weniger Eigentümer war. Als Preis für das erschließungsbeitragspflichtige Fertig-Bauland wird mit 60,-- DM/m^2 gerechnet werden, ein für 1972 im Bonner Raum sicher nicht zu hoher Preis.

Der Aufwand für die Aufschließungsanlagen und -einrichtungen ist über dem Bodenpreis aufgetragen. Im Bereich der inneren Erschließung sind für Straße, Wege und Plätze, für Erschließungsgrünflächen, für Wasserversorgungs- und

Entwässerungsanlagen 45,10 DM/m^2 Nettowohnbauland einschließlich des Grunderwerbes anzusetzen. Die standortabhängigen Anlagen der äußeren Erschließung, d.h. die Zufahrtsstraße von der vorhandenen Ortslage zum Neubaubereich sowie die Wasser- und Abwassertransportleitungen, kosten 17,20 DM/m^2. Nimmt man noch Kindergärten und Grundschulen als Folgeeinrichtungen hinzu, errechnet sich ein Gesamtaufwand für den Aufschließungskomplex von 79,60 DM/m^2. Bei Ansatz einer allgemeinen Grundausstattung mit Folgeeinrichtungen, die neben den genannten Einrichtungen die weiterführenden Schulen, Sportanlagen, Krankenhaus, Altenheim und Friedhof umfaßt (5), kämen noch einmal fast 70,-- DM/m^2 hinzu.

Beim Bezug des Erschließungsaufwandes auf die erschlossene Flächeneinheit ist berücksichtigt, daß nicht nur Wohnbaugrundstücke damit zu belasten sind, sondern daß auch dem Einkaufszentrum sowie sonstigen privat genutzten Grundstücken ein entsprechender Kostenanteil zugerechnet werden muß.

An den gesamten Aufschließungskosten beteiligen sich die Grundeigentümer mit maximal 41,20 DM/m^2 in Form von Erschließungsbeiträgen nach dem Bundesbaugesetz und von Abgaben für den Wasser- und Kanalanschluß nach dem Kommunalabgabenrecht, wobei kostendeckende Abgabesätze in den entsprechenden Satzungen angenommen wurden und die Gemeinde dementsprechend nur ihren gesetzlich vorgeschriebenen Mindestanteil zu übernehmen braucht. Den durch die Erschließungsabgaben nicht gedeckten Betrag von 38,40 DM/m^2 muß die Gemeinde tragen, ein Teil davon kann allerdings durch Zuschüsse des Kreises, des Landes und des Bundes aufgebracht werden. Hinzu kommen auch Finanzierungshilfen.

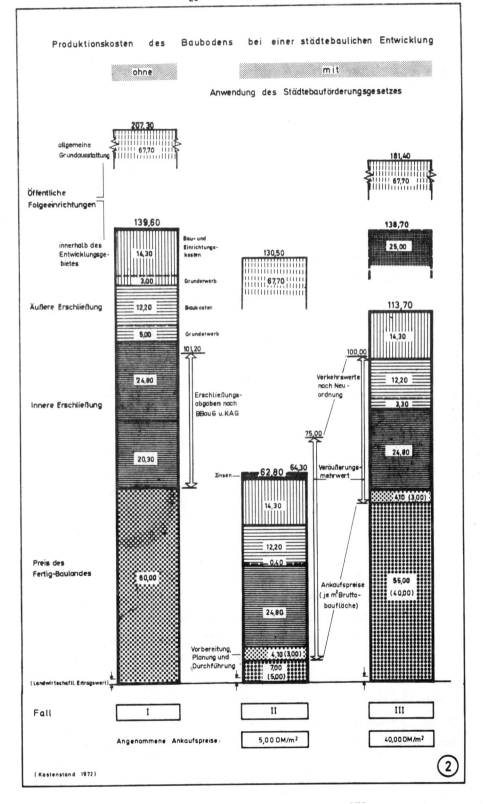

Bei Anwendung des Städtebauförderungsgesetzes für den gleichen Planungsfall könnten sich sehr unterschiedliche Produktionskosten des Baubodens und unterschiedliche Abschöpfungsbeträge ergeben, je nachdem, wie hoch die Ankaufspreise für das Entwicklungsgelände liegen. Würde es gelingen, das Gelände für 5,-- DM/m^2 Bruttobaufläche zu erwerben, ergäben sich Gesamtkosten von 62,80 DM/m^2. Voraussetzung für diesen Fall wäre, daß die Entscheidung für die Durchführung einer Entwicklungsmaßnahme frühzeitig getroffen würde und daß sich zumindest noch keine objektive Bauerwartung zum Zeitpunkt der Grundstücksbewertung gebildet hätte. Der Ankaufspreis wird aber immer ein Mehrfaches des landwirtschaftlichen Ertragswertes sein, so daß der ursprüngliche Landeigentümer immer noch an dem Bodenwertzuwachs partizipiert. Ein gewisser Ausgleich für Nachteile, die mit dem Entzug des Eigentums verbunden sein können, wäre damit immerhin geschaffen.

Wird der angenommene Ankaufspreis von 5,-- DM/m^2 Bruttobaufläche auf die veräußerbaren Flächen (Bruttobaufläche abzüglich Erschließungsflächen und Flächen für kommunale Folgeeinrichtungen) bezogen, ergibt sich bei einem Anteil dieser Flächen von 72 % der in BILD 2 genannte Ankaufspreis von rund 7,-- DM/m^2.

Die Aufwendungen für die Vorbereitung, für die Planung (Bauleitplanung und Erschließungsplanung) sowie für die Durchführung der städtebaulichen Entwicklungsmaßnahme (ohne Baumaßnahmen) wurden mit 3,-- DM/m^2 Bruttobaufläche bzw. 4,10 DM/m^2 verkaufte Grundstücksfläche angesetzt in Anlehnung an die entsprechenden Angaben von Hartz für die neuen Städte in Nordrhein-Westfalen (6) und von Treude für städtebauliche Maßnahmen zur Entwicklung neuer Wohnquartiere (7) sowie an die von Bauernfeind empfohlene Vergütung für einen Entwicklungsträger (8). Diese empfohlene Vergütung entspricht dem Vergütungssystem für die Vorbereitung und Durchführung von Sanierungsmaßnahmen, das von der Bundesvereinigung der Kommunalen Spitzenverbände und dem Innenministerium des Landes Nordrhein-Westfalen im Zusammenhang mit Muster-Sanierungsverträgen erarbeitet worden ist.

Die Kosten der Aufschließungsanlagen und -einrichtungen entsprechen denen bei Fall I, jedoch mit dem Unterschied, daß Grunderwerb lediglich bei der äußeren Erschließung anfällt. Dieser ist hier wegen des niedrigeren Preisniveaus auch mit einer geringeren Höhe zu veranschlagen als beim ersten Fall. Die Flächen für die Anlagen der inneren Erschließung sowie für die Folgeeinrichtungen sind in der von der Gemeinde erworbenen Bruttobaufläche enthalten.

Im dritten Falle wird von einem Ankaufspreis von 40,-- bzw. 55,-- DM/m^2 ausgegangen, einem Preis, wie er in Verdichtungsräumen oder in deren Randzonen durchaus möglich ist. Dieser Fall könnte mit dem ersten verglichen werden. Die Differenz zwischen den Bodenpreisen von 40,-- und 60,-- DM/m^2 ist durch die unterschiedlichen Qualitätsstufen "Bauerwartungsland" und "Fertig-Bauland" begründet. Der Verkehrswert der Grundstücke nach Durchführung der Entwicklungsmaßnahme (§ 59 Abs. 5 StBauFG) müßte bei Fall III etwa dem Preis des beitrags- und abgabefreien Baulandes im Falle I entsprechen, bei Fall II liegt er infolge niedrigerer Preisverhältnisse auf dem Bodenmarkt sicher tiefer. Er wurde dort mit 75,-- DM/m^2 angenommen.

Bei diesen dargestellten Ankaufs - Verkaufs-Preis-Relationen für die beiden letzten Entwicklungsfälle wird sehr deutlich, wie entscheidend die Erwerbspreise für die Finanzierung der Maßnahmen sind. Bei niedrigen Preisen errechnet sich ein scheinbarer "Gewinn", der allerdings im Vergleich zu den Kosten einer allgemeinen Grundausstattung mit öffentlichen Folgeeinrichtungen sehr gering ist. Im letzten Untersuchungsfall lassen sich durch den Veräußerungsmehrwert noch nicht einmal Kindergärten und Grundschulen finanzieren, lediglich die äußere Erschließung. Hier wären in jedem Falle Entwicklungsförderungsmittel (§ 58 StBauFG) erforderlich, wobei diese bei den Folgeeinrichtungen entsprechend § 39 Abs. 4 und § 47 StBauFG nur subsidiär nach speziellen Förderungsmitteln eingesetzt werden können (vgl. Gaentzsch (2), Anm. zu § 58).

Werden keine Förderungsmittel rechtzeitig und in ausreichender Höhe zur Verfügung gestellt, können erhebliche Zinslasten auflaufen. In BILD 3 sind Summenlinien der einzelnen Aufwendungen sowie der Erlöse aus den Grundstücksverkäufen für die beiden Beispiele von Entwicklungsmaßnahmen aufgetragen, wobei die Darstellung eher qualitative als quantitative Aussagen erlaubt. Im oberen Teil des BILDES 3 ist ersichtlich, daß für den Fall II infolge der zeitlichen Differenz zwischen Grunderwerb und Grundstücksveräußerung Zwischenfinanzierungsmittel notwendig werden, obwohl bei Beendigung der Maßnahme ein "Gewinn" ausgewiesen werden kann. Würden zur Zwischenfinanzierung Kapitalmarktmittel eingesetzt, ergäben sich für die dargestellte Entwicklung über einen angenommenen Zeitraum von 10 Jahren bei einem Zinssatz von 8 % Kapitalkosten in Höhe von $1,50 \text{ DM/m}^2$ Grundstücksfläche (vgl. BILD 2), die hier noch tragbar wären. Für Fall III (untere Darstellung in BILD 3) müßte ein Zinsendienst von $25,-- \text{ DM/m}^2$ aufgebracht werden (vgl. BILD 2), der unangemessen hoch wäre. Ohne entsprechende Förderungsmittel wäre dieses Projekt nicht zu realisieren.

Kosten und Finanzierung einer städtebaulichen Entwicklungsmaßnahme

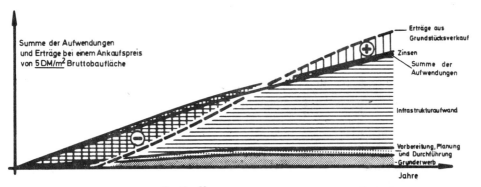

Fall II

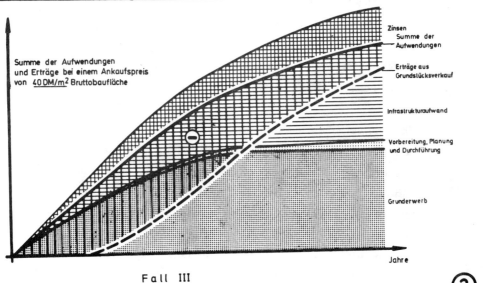

Fall III

Aus einer derartigen dynamischen Betrachtung wie in BILD 3 werden die folgenden Voraussetzungen für eine erfolgversprechende und die Allgemeinheit finanziell wenig belastende Durchführung einer städtebaulichen Entwicklungsmaßnahme sehr deutlich:

- niedrige Ankaufspreise, d.h. frühzeitige Festsetzung der Entwicklungsmaßnahmen,

- Beschleunigung des Grunderwerbs, um die Anrechnung der allgemeinen Werterhöhung (§ 23 Abs. 2 StBauFG) gering zu halten,

- frühzeitiger Grundstücksverkauf zur Einschränkung der Zwischenfinanzierung,

- Verkürzung der Gesamtzeit von Vorbereitung und Durchführung der Entwicklungsmaßnahme.

Müssen so hohe Ankaufspreise wie bei Fall III gezahlt werden, ist zu fragen, ob das Instrumentarium des Städtebauförderungsgesetzes überhaupt wesentliche Erleichterungen bei der Realisierung städtebaulicher Maßnahmen gegenüber der Durchführung nach bisherigem Städtebaurecht (Fall I) bringt. Die Grundeigentümer werden kaum stärker an den Kosten der Infrastrukturausstattung beteiligt, die Gemeinden nicht wesentlich entlastet.

Bei dem Vergleich der Produktionskosten des Baubodens mit den erzielbaren Veräußerungs"gewinn" in BILD 2 konnten zwar reale Aufwendungen für die Aufschließungsmaßnahmen angesetzt, für die Bodenpreise vor und nach Durchführung der Entwicklungsmaßnahmen jedoch nur Annahmen getroffen werden. In der Praxis wird die zweifache Feststellung der Bodenwerte bei städtebaulichen Maßnahmen, die auf der Grundlage des Städtebauförderungsgesetzes und möglicherweise künftig auch eines novellierten Bundesbaugesetzes durchgeführt werden, noch zahlreiche Probleme aufzeigen. Fragen der Grundsätze und Methoden sowie der praktischen Durchführung der Bodenbewertung bedürfen daher sicher einer weiteren Vertiefung.

LITERATURVERZEICHNIS

(1) Bonczek, W.: Die Reform des kommunalen Bodenrechts aus städtebaulicher Sicht. In: Band 61 der Abhandlungen der Akademie für Raumforschung und Landesplanung. Gebr. Jänecke Verlag. Hannover 1971.

(2) Gaentzsch, G.: Städtebauförderungsgesetz, Kommentar. 2. Auflage. Verlag Reckinger u. Co.. Siegburg 1972.

(3) Dieterich, H., Farenholtz, Chr. u. a.: Städtebauförderungsgesetz für die Praxis. Richard Boorberg Verlag/Karl Krämer Verlag. Stuttgart 1972.

(4) Coordes, C.: Neue Städte nach dem Städtebauförderungsgesetz. In: Stadtbauwelt, Heft 36, 1972, S. 286.

(5) v. Barby, J. und Fischer, Kl.: Der Städtebauliche Bewertungsrahmen. Heft 4 der Schriftenreihe "Materialiensammlung Städtebau". Ferd. Dümmlers Verlag. Bonn 1972.

(6) Hartz, L.: Kosten und Finanzierung neuer Städte in Nordrhein-Westfalen. Verlag für Wirtschaft und Verwaltung Hubert Wingen. Essen 1966.

(7) Treude, O.: Die Entwicklung neuer Wohnquartiere als Aufgabe eines gemeinnützigen Unternehmens. In: Innere Kolonisation, 17. Jahrgang (1968) Heft 3.

(8) Bauernfeind, E.: Städtebauförderungsgesetz. G. Grote'sche Verlagsbuchhandlung KG., Köln 1971.

Ursula Blatz

PROBLEMATIK DER FLÄCHENNUTZUNGSPLANUNG
AUS DER SICHT EINES PLANUNGSTEAMS IM
PRIVATWIRTSCHAFTLICHEN BEREICH

1. Vorbemerkungen - Situation allgemein
=======================================

In Publikationen, die sich mit den aus der Flächennutzungsplanung resultierenden Problemen befassen, wurde bisher überwiegend aus der Sicht der Behörden berichtet! Der Planer im privatwirtschaftlichen Bereich muß mit zusätzlichen Schwierigkeiten fertig werden, von denen eine Behörde - falls sie als Planer fungiert - insofern verschont bleibt, da sie sich das noch vorhandene Obrigkeitsdenken in deutschen Landen zunutze macht, sie kann deshalb bequem von "oben" auf die Planung selbst und den Auftraggeber der Planung - die Gemeinde - Einfluß nehmen, was dem sog. "freien Planer" nicht vergönnt ist. Vielmehr wird diese von der Gemeinde oft als billiges Werkzeug dazu "mißbraucht", die oft utopischen Vorstellungen einer Gemeinde vor der Genehmigungsbehörde (Regierungs-Präsidium, Bezirksregierung oder ähnliches) als realisierbar zu vertreten und diese dann auch an Hand eines genehmigungsfähigen Flächennutzungsplanes durchsetzen. Dem Planer bleibt oft nichts anderes übrig, als die Wünsche der jeweiligen Gemeinde zu respektieren (letztlich ist die Gemeinde ja Auftrag- und Geldgeber) und - damit sein planerisches Können nicht zu sehr in Frage gestellt wird - sich dadurch abzusichern, daß er bei der Planabfassung sich einer gewissen Terminologie bedient: "ausgewiesen auf besonderen Wunsch der Gemeinde".

Ein weiteres Problem bei der Erarbeitung eines Flächennutzungsplanes dürfte der zu geringe Gebührensatz sein, wenn man der Abrechnung die Sätze der GOA zugrunde legt. Der beträchtliche Arbeitsumfang zur Beschaffung der notwendigen Unterlagen - wie Erhebung und Auswertung von Daten vielfältiger Art; Informationen über Wünsche und Vorstellungen der Behörden und Träger öffentlicher Belange und der Versuch, alle diese Vorstellungen zu koordinieren -, bedingt einen großen Zeitaufwand. Und oft stellt sich nach Fertigstellung der Planung heraus, daß nicht kostendeckend gearbeitet werden konnte. Für den freien Planer dürfte demnach die Erarbeitung von Flächennutzungsplänen kaum ein gewinnbringendes Geschäft sein, wenn er - noch unerfahren auf diesem Gebiet - eine einwandfreie Arbeit liefern möchte. Falls die Gemeinden mehr als einen farbigen Plan wünschen (nämlich zusätzliche Strukturuntersuchungen und Fachplanungen, die zu den Grundlagen der Flächennutzungsplanung gehören), müßten sie zur Zahlung einer kostendeckenden Gebühr bereit sein. Bei den z. Z. üblichen Preisunterbietungen ist dies selten zu realisieren.

Weiter ist zu bemerken, daß eine große Anzahl von Gemeindevertretern überhaupt keinen Flächennutzungsplan wollen, weil sie sich eingeengt fühlen bezüglich ihrer oft mehr als fragwürdig betriebenen Bodenpolitik. Dies ist vor allem bei kleineren Gemeinden zu beobachten. Daß trotzdem die Erstellung eines Flächennutzungsplanes in Auftrag gegeben wird, "verdankt" der Planer den Genehmigungsbehörden (Regierungspräsidenten), die die Gemeinden ständig drängen, einen genehmigungsfähigen Flächennutzungsplan vorzulegen. Die Gemeinden geben diesem Drängen nach, lassen einen Flächennutzungsplan vielfach nur bis zum Vorentwurf

erarbeiten und sorgen dann mit allen Mitteln für eine
Stagnation der Planung. Mit einem Vorentwurf hat man
fürs erste den Regierungspräsidenten beruhigt und kann
weiterhin mit der Ausweisung von Bauland nach eigenen
Vorstellungen fortfahren.

2. Größenordnung des Planungsbereiches

Die Aufstellung eines Flächennutzungsplanes bedingt
stets den gleichen Arbeitsaufwand, der fast unabhängig von der Größenordnung der Gemeinde ist. Damit
wird wieder die Kostenfrage angesprochen, denn die
Gebührenordnung sieht vor, daß mehr Einwohner und
Flächen auch mehr Honorar bringen. In der Praxis
hat sich schon längst die Unrentabilität der Erarbeitung
eines Flächennutzungsplanes für kleine Gemeinden gezeigt. Es wäre sinnvoll, nicht nur wegen des erwähnten
Arbeitsaufwandes, sondern auch wegen der Festlegung
eines optimalen Zuordnungsbereichs für eine Größenordnung von mindestens 25.000 - 30.000 Einwohner zu
planen. Erst im Bereich einer solchen Planungseinheit
lassen sich annähernd verwertbare Aussagen machen
über den Bedarf an infrastruktureller Ausstattung und
Folgeeinrichtungen, d.h. Bedarfsanalysen sowie -prog-
nosen für diese Einrichtungen und die daraus folgenden
Flächenermittlungen und Standortuntersuchungen fixieren.
Handelt es sich bei dieser Größenordnung um den Bereich
einer in sich geschlossenen Kommune, so dürfte die
Fertigstellung eines Flächennutzungsplanes nur mit
geringen Komplikationen verbunden sein.

Soll jedoch ein Flächennutzungsplan für einen zwischengemeindlichen Verflechtungsbereich dieser Größenordnung erarbeitet werden (z.B. Erstellung eines gemeinsamen Flächennutzungsplanes oder eines Flächennutzungsplanes für einen Planungsverband), so treten häufig ungeahnte Schwierigkeiten auf. Es ist oft schier unmöglich, allen Wünschen der einzelnen Gemeinden gerecht zu werden und alles "unter einen Hut" zu bekommen. Obwohl die Gemeinden eines solchen Nahbereichs in Zukunft zu einer Verwaltungseinheit zusammengeschlossen werden und dies den zuständigen Gemeindevertretern bekannt ist, können sich die Vertreter der an einer solchen Planung beteiligten Kommunen noch immer nicht von einer isolierten Betrachtungsweise ihrer Gemeinden lösen. Sie vermögen oft noch nicht einmal einzusehen, daß die ländlichen Kleingemeinden vornehmlich die Funktion einer Wohn- und vielleicht noch Fremdenverkehrsgemeinde haben und daß die nächstgelegenen Zentralen Orte (meist auszubauende Unterzentren) innerhalb dieses Planungsbereiches jene übergemeindlichen Hauptfunktionen des menschlichen Lebens wahrzunehmen haben (Arbeit, Bildung, Versorgung). Bisher ist es nur wenigen freien Planern gelungen, einen solchen Flächennutzungsplan über den Vor-Entwurf hinaus zu bringen.

3. Maßstabsfragen
==============

Die Erstellung des Flächennutzungsplanes soll in vielen Fällen auf Wunsch der oberen Genehmigungsbehörde i. M. 1 : 5.000 erfolgen. Eine konkrete Darstellung aller geforderten Eintragungen innerhalb der bebauten Ortslage bezüglich Verkehr, Bauflächen, Ver- und Entsorgungsanlagen, Denkmalpflege, Naturschutz usw. ist in diesem Maßstab nicht mehr gegeben. Die wiederzugebende Fülle an Material in der geforderten detaillierten Darstellungsweise dürfte die Lesbarkeit dieser Planung - speziell für den Laien - in Frage stellen; dies gilt vor allem dann, wenn auch noch die komplette Eintragung in der vorhandenen Bausubstanz in Form schwarzer Kästchen erfolgen soll. Es ist genug über dieses Problem geschrieben und diskutiert worden; der Vorschlag, das gesamte Gemarkungsgebiet einer Gemeinde im Maßstab 1 : 10.000 und die bebaute Ortslage im Maßstab 1 : 2.500 darzustellen, wird meist von den zuständigen Verwaltungsjuristen abgelehnt (Flächennutzungsplan und nicht Flächennutzungsplanung lautet das Argument).

4. Bestandsaufnahme - Datenermittlung - Fachplanungen

Die Grundlage für die Erstellung eines Flächennutzungsplanes ist das Zusammentragen einer Fülle von Daten, welche der Analyse und darauf aufbauend den Prognosewerten zugrunde gelegt werden. Die Erhebung der soziodemographischen Daten und die Ermittlung des vorhandenen Baubestandes sowie der bestehenden Einrichtungen öffentlicher und privatwirtschaftlicher Art bringt nur bei desinteressiertem und daraus basierendem passiven Verhalten der jeweiligen Gemeinde Probleme mit sich, d.h. wenn die der Gemeindeverwaltung zugestellten Fragenkataloge unbeantwortet liegen bleiben. Aus reinen Kosten- und Zeitgründen ist der Planer auf die Mitarbeit der Gemeindeverwaltung angewiesen.

Schwierigkeiten bereitet oftmals die Unterlagenbeschaffung bezüglich der Planungen, für welche die Behörden und Träger öffentlicher Belange zuständig sind: wegen der oftmals fehlenden Koordination und der augenblicklich zur Durchführung gelangenden Verwaltungsreform herrscht bei den Behörden z. T. oft noch Unklarheit über Gebietszuständigkeit und Kompetenzumfang.

Die überörtlichen Fachplanungen im Flächennutzungsplan zu übernehmen, bedeutet keine Schwierigkeit, falls ein Feststellungsverfahren läuft oder schon abgeschlossen ist. Ist das nicht der Fall, so sind die übergeordneten Planungen und sonstigen Nutzungsregelungen - nach anderen gesetzlichen Vorschriften festgesetzt - gemäß § 5 (5) BBauG nachrichtlich zu übernehmen. Die oft unterschiedlichen Ansichten der beteiligten Behörden und Gemeinden über die erwähnten - noch in der Schwebe liegenden - Planungen zu koordinieren ist stets mit Schwierigkeiten verbunden und an sich nicht Aufgabe des Planers. Vielmehr ist es Sache der Gemeinde, sich wegen der auftretenden Diskrepanzen mit den Behörden auseinanderzusetzen. Der Planer wird dennoch versuchen - meist jedoch vergebens - eine Einigkeit herzustellen, um die Planung fortführen zu können. Denn Unentschlossenheit und Unnachgiebigkeit auf beiden Seiten führen zu einer Stagnation der Planung.

5. Bauland- und Freiflächenausweisung

Die von den Gemeinden vielfach gewünschten willkürlichen Baulandausweisungen können häufig die Zerstörung des Gesamtgefüges einer Ortschaft in der Beziehung zu ihrer Umgebung bewirken. Die Gemeinden machen es sich oft zu leicht, wenn sie auf eine befriediegende Standortuntersuchung bezüglich Ökonomie und Ästhetik, auf eine Reorganisierung und Sanierung der vorhandenen Substanz "großzügig" verzichten und glauben, man habe mit der durch allzu großzügige Baulandausweisungen geförderten Zersiedlung der Landschaft seine Schuldigkeit gegenüber der Allgemeinheit getan. Vor allem in ländlichen Bereichen spielen die Gemeindevertreter verrückt, wenn es um die Ausweisung von Wohnbauland geht. Man erträumt eine utopische Bevölkerungszunahme infolge von Zuwanderungen (Bauwillige), angeblich ermöglicht durch extrem große Baulandausweisungen - das Mehrfache von dem, was Prognosewerte und reale Entwicklungsmöglichkeiten zulassen. Um der Ausuferung der Bebauung - oft eine Folge dieser übertriebenen Flächenausweisungen - entgegenzuwirken, müßte die Planungshoheit der Gemeinden insoweit eingeschränkt werden, indem der Gemeinde die Umgrenzung der zu bebauenden Fläche (Ortslage) vorgegeben wird. Als Exempel kann Westberlin mit seiner aus politischen Gründen festgelegten Grenze genannt werden. In dieser Stadt ist man gezwungen, eine vernünftige sowie überlegte Bau- und Bodenpolitik zu betreiben und ständig Sanierungsmaßnahmen in allen Variationen durchzuführen.

Das Berliner Beispiel zeigt, daß moderner Städtebau auch ohne übergroße Baulandneuausweisungen betrieben werden kann. Mit dieser Problematik befaßt sich auch der Raumordnungsbericht 72 der Bundesregierung. Im Kap. 2("Raumstruktur" S. 42) wird auf die überwiegende Bautätigkeit an den Randzonen der Städte -

und damit auf eine nicht enden wollende Ausehnung
der Siedlungsflächen - sowie auf die Vernachlässigung
der notwendigen Sanierungsmaßnahmen innerhalb der
Ortskerne hingewiesen. In diesem Kapitel werden auch
die finanziellen Konsequenzen für die Städte und Gemeinden angesprochen, die sich aus dem weiteren Ausbau der Infrastruktur bei ständiger Ausweitung der Siedlungsflächen ergeben sowie die bereits jetzt schon ungenügende Auslastung gewisser Infrastruktureinrichtungen in den alten sanierungsbedürftigen Kerngebieten.

Schwierigkeiten treten auf, wenn im Zuge der Flächennutzungsplanung Aussagen über die künftige Nutzung
von Grenzertragsböden gemacht werden müssen und
ein Landschaftspflegeplan als Leitfaden und Orientierungsmöglichkeit fehlt.
Sollen die nicht mehr als LN verwendbaren Flächen
sich selbst überlassen bleiben (natürliches "Verbuschen") oder mit einer der Landschaft eigentümlichen Vegetation versehen werden, so kann man
diese Flächen mit einer besonderen Signatur bezeichnen und sich einer gewissen Terminologie bedienen:
"Zu schützende Landschaftsteile, Bewuchs gemäß den
Aussagen eines künftigen Landschaftspflegeplanes".

Falls eine Aufforstung von Freiflächen erwogen wird,
muß vor der Festlegung der neuen "Wald - Flur -
Grenze" eine fachmännnische Beurteilung über den
Naturhaushalt und die Eignung dieses Gebietes auf
seine Erholungsmöglichkeiten eingeholt werden.

Die Gemeinden werden, falls sie ihre Flächennutzungspläne nicht in eigener Regie (mangelndes Fachpersonal)
aufstellen können, diese Aufgabe den behördlichen

Planungsstellen oder einschlägigen Büros überlassen. Der freischaffende Planer sollte nur für eine Gemeinde in Aktion treten, die bereit ist, ein kostendeckendes Honorar zu zahlen und die fachlichen Erfahrungen des Planers zu respektieren. Planungsteams im privatwirtschaftlichen Bereich - falls sie auf dem Gebiet der Flächennutzungsplanung noch nicht über genügend Erfahrung verfügen - sollten ihrerseits davon ausgehen, daß die ersten von ihnen übernommenen Projekte keine Überschüsse, sondern unter Umständen sogar Verluste bringen können.

Dieter Bohr und Josef Stegt

INNEN- UND AUSSENBEFRAGUNG -
METHODEN ZUR ERMITTLUNG DER VERFLECH-
TUNGSBEREICHE ZENTRALER ORTE -

1. Das zentralörtliche Gliederungsprinzip

Dem Gliederungsprinzip der Zentralen Orte, das
in den letzten Jahren eine bemerkenswerte Ergänzung
durch sogenannte "Aufbau- oder Entwicklungsachsen"
erfahren hat, liegt die Erkenntnis zugrunde, daß insbesondere außerhalb von Verdichtungsgebieten die
Ansprüche der Bevölkerung auf Versorgung mit Gütern
und Dienstleistungen des öffentlichen wie auch des privaten Bereiches nicht sämtlich am eigenen Wohnort
befriedigt werden können. So können beispielsweise
Geschäfte des Einzelhandels nur bei einer genügend
großen Kundenzahl existieren, Schulen benötigen sowohl aus wirtschaftlichen wie aus pädagogischen Gründen eine Mindestschülerzahl und setzen somit einen
bestimmten Einzugsbereich voraus. Die zur Auslastung
dieser und anderer Infrastruktureinrichtungen notwendigen Einwohnerzahlen sind aber in dünn besiedelten,
ländlichen Nahbereichen oft nicht vorhanden und werden
auch in Zukunft nicht erreichbar sein.

Damit aber einerseits die Versorgung der Bevölkerung
sichergestellt wird, andererseits die Versorgungseinrichtungen möglichst rationell und volkswirtschaftlich
sinnvoll genutzt werden können, ist eine weitgehende
Konzentration auf wenige "Zentrale" Orte unumgäng-
lich. Analog zum Gleichheitsgrundsatz unserer Verfassung wird im Bundesraumordnungsgesetz der Grundsatz definiert: "In einer für ihre Bewohner zumutbaren

Entfernung sollen Gemeinden mit zentralörtlicher Bedeutung einschließlich der zugehörigen Bildungs-, Kultur- und Verwaltungseinrichtungen gefördert werden".

Die Erfahrung hat gezeigt, daß es nicht ausreicht, diesen Konzentrationsprozeß dem freien Spiel der Kräfte zu überlassen. Das zeigt sich besonders in ländlichen Gebieten, wo es vielfach in den Gemeinden an der notwendigen Grundausstattung fehlt und viele zentrale Einrichtungen nur unter hohem Zeitaufwand zu erreichen sind.

Es ist zunächst erforderlich, vor der Erarbeitung von regionalen Entwicklungskonzepten, die ja auch immer gleichzeitig Investitionsprogramme sind, strukturschwache Räume zu erkennen, in denen Zentrale Orte oder zentrale Einrichtungen fehlen und einen Überblick über die bestehenden Güter- und Dienstleistungsströme zu gewinnen. Wenn man diese Beziehungen kennt, ist es möglich, Aussagen über eine funktionell zweckmäßige Verteilung zentraler Einrichtungen zu machen bzw. Investitionsprogramme für den Ausbau der Infrastruktur in solchen Gemeinden zu entwickeln, die sich als Standorte zentraler Einrichtungen besonders eignen.

2. Erfassung von Verflechtungsbereichen durch Befragungen der Bevölkerung

Von den verschiedenen Möglichkeiten zur Bestimmung der Zentralen Orte und ihrer Bedeutungsüberschüsse sollen im folgenden zwei Verfahren erläutert werden, die sich unter Einsatz der EDV bei praktischen Forschungsarbeiten bewährt haben. Diese Verfahren beruhen auf der Auswertung von Befragungen, die im

Untersuchungsgebiet durchgeführt werden. Grundsätzlich sind bei solchen Befragungsaktionen folgende Schwierigkeiten zu beachten:

1. Der Fragebogen muß möglichst kurz gefaßt und die Fragen selber müssen leicht verständlich formuliert sein. Es können nicht die Beziehungen in allen Bereichen erfaßt werden, es muß vielmehr eine gezielte Auswahl getroffen werden, die auch den möglichen, unterschiedlichen Zentralitätsgraden (Unter-, Mittel- und Oberzentrum) Rechnung trägt. Denn in der Praxis wird nicht nur die Zugehörigkeit einer Gemeinde zu einem Nahversorgungszentrum, sondern auch zu einem Mittel-, evtl. auch zu einem Oberzentrum zu ermitteln sein.

2. Der Verteilerschlüssel soll sicherstellen, daß das Ergebnis repräsentativ für das Verhalten der Gesamtbevölkerung ist. Das bisher in der Praxis vielfach angewandte Verfahren, Fragebögen über Schulkinder an die Wohnbevölkerung zu verteilen, läßt die Einkaufsgewohnheiten der Haushalte ohne Kinder im schulpflichtigen Alter unberücksichtigt und kann daher i.d.R. nicht voll befriedigen. Ein repräsentativer Querschnitt kann beispielsweise durch Postwurfsendungen oder durch gezielte häusliche Befragung garantiert werden.

3. Es ist nie ganz auszuschließen, daß Themen der aktuellen Lokalpolitik die Beantwortung von Fragebögen beeinflussen. Auch interkommunale Beziehungen, oft tief in der Tradition verwurzelte Freundschaften oder auch Antipathien zwischen Nachbargemeinden können zur bewußt oder unbewußt falschen oder doch tendenziösen Beantwortung von Fragebögen führen. Dieser

Gefahr kann nur durch eine sorgfältige Organisation und durch eine intensive Öffentlichkeitsarbeit begegnet werden - ganz auszuschalten ist dieses Gefahrenmoment jedoch nie.

2.1. Außenbefragung

Im ersten Beispiel galt es, im Landkreis St. Wendel, einem relativ dünn besiedelten, ländlich strukturierten Gebiet mit rd. 100.000 Einwohnern, die derzeitigen Güter- und Dienstleistungsströme festzustellen. Darauf aufbauend waren Vorschläge zu entwickeln für die anzustrebende räumliche Verteilung der Zentralen Orte und für die Abgrenzung der Nahbereiche, die das Planungsgebiet notwendigerweise lückenlos überdecken müssen.

Um zunächst einen Überblick über die Verflechtungen im Handel und Dienstleistungsbereich zu gewinnen, wird eine sog. "Außenbefragung" durchgeführt, d.h. an die Wohnbevölkerung bzw. an einen repräsentativen Querschnitt werden Fragebögen (vgl. BILD 1) ausgeteilt, auf denen für verschiedene Güter und Dienstleistungen der Ort der Bedarfsdeckung anzugeben ist. Die "Branchen" sind so ausgewählt, daß die Beziehungen zu Zentralen Orten sowohl der unteren Stufe (Grundbedarf, täglicher Bedarf) wie auch der mittleren Stufe (gehobener Bedarf) ermittelt werden können.

Es wird außerdem nicht nur nach dem jeweiligen Ort der Bedarfsdeckung, sondern auch nach dem benutzten Verkehrsmittel, dem benötigten Zeitaufwand und dem noch für zumutbar gehaltenen Zeitaufwand gefragt; vor allem das letztgenannte Kriterium spielt ja eine

Wohnort .... Arbeitsort ....
Wieviele Personen leben in Ihrem Haushalt ......

1	2	3	4	5
Fragen	in welchem Ort? (Bei mehreren Orten bitte den wichtigsten unterstreichen!)	Welches Verkehrsmittel benutzen Sie dabei? Bahn/Bus · Pkw/Motorrad · Moped/Fahrrad · zu Fuß	Wieviel Zeit benötigen Sie für einen einfachen Weg? (Angaben in Minuten)	Ist der Zeitaufwand Ihrer Ansicht nach zu hoch? ja · nein
		Bitte machen Sie diese Angaben in Spalte 3-5 jeweils für den genannten, bzw. den wichtigsten (unterstrichenen) Ort!		
1. In welchem Ort kaufen Sie a) Lebensmittel (kleinere Mengen)		○ ○ ○ ○	○	○ ○
b) größere Mengen von Lebensmitteln (z.B. im Supermarkt)		○ ○ ○ ○	○	○ ○
2. In welchem Ort kaufen Sie a) Textilien, Bekleidung		○ ○ ○ ○	○	○ ○
b) Haus- und Küchengeräte, Elektroartikel		○ ○ ○ ○	○	○ ○
c) Möbel		○ ○ ○ ○	○	○ ○
d) Uhren Schmuck		○ ○ ○ ○	○	○ ○
3. In welchem Ort besuchen Sie a) prakt. Arzt		○ ○ ○ ○	○	○ ○
b) Zahnarzt		○ ○ ○ ○	○	○ ○
c) Fachärzte		○ ○ ○ ○	○	○ ○
d) Apotheke		○ ○ ○ ○	○	○ ○
e) Sparkasse/Bank		○ ○ ○ ○	○	○ ○
4. Wo erholen Sie sich überwiegend am Wochenende?		○ ○ ○ ○	○	○ ○

5. Kaufen Sie auch in Versandhandel?   ja   nein
   Wenn ja, welche Waren vorwiegend? .... ①

entscheidende Rolle bei der in ländlichen Gebieten vielfach notwendig werdenden Verdichtung des Zentralortnetzes, weil zentralörtliche Einrichtungen in einer für die Bevölkerung zumutbaren Zeitentfernung vorhanden sein bzw. eingerichtet werden müssen. Die Auswertung hat ergeben, daß 75 % der Bevölkerung einen Zeitaufwand von ca. 20 Minuten zur Deckung des Grundbedarfs noch für zumutbar halten.

Um nicht nur eine bestimmte Bevölkerungsgruppe zu erfassen, wurden an jeden Haushalt über den gleichen Organisations- und Verteilerstab der Volkszählung 1970 ein Fragebogen verteilt. Die dementsprechend hohe Rücklaufquote von 55 % gewährleistet, daß die Ergebnisse repräsentativ für das Verhalten der Gesamtbevölkerung sind.

Die Auswertung von insgesamt 17.000 ausgefüllten und auf Lochkarten übertragenen Fragebögen erfolgte mittels eines dazu entwickelten Fortran IV-Programmes auf der IBM 370/165 der GMD Bonn. Es basiert auf der einfachen mathematischen Beziehung:

$$P(W_i, Z_j, B_{k'}) = 100 \cdot \frac{K(W_i, Z_j, B_k)}{SK(W_i, B_k)}$$

$$SK(W_i, B_k) = \sum_{j=1}^{M} K(W_i, Z_j, B_k)$$

In diesen Formeln bedeuten:

W_i = Wohnort $i = 1, L$ (L = Anzahl der Wohnorte)

Z_j = Zielort $j = 1, M$ (M = Anzahl der Zielorte)

B_k = Branche $k = 1, N$ (N = Anzahl der Branchen)

$P(W_i, Z_j, B_k)$ = Prozentsatz der Einwohner eines Wohnortes W_1, die im Zielort Z_j den Bedarf an Gütern oder Dienstleistungen der Branche B_k decken.

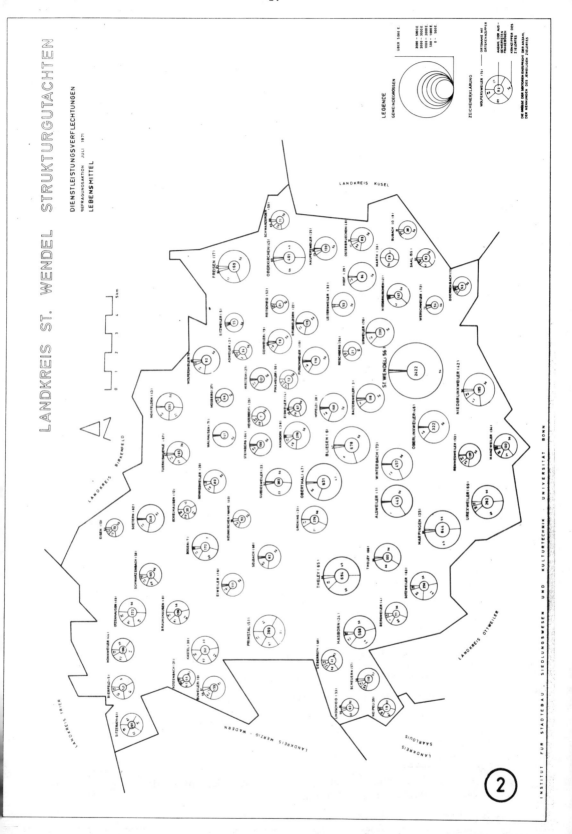

$K(W_i, Z_j, B_k)$ = Summe der Besucher[1], aus W_i in Z_j und der Branche B_k

$SK(W_i, B_k)$ = Summe der Besucher aus W_i in der Branche B_k

Die auf diesem Wege berechneten Prozentsätze sind in der Rechenanlage gespeichert und können deshalb neben dem tabellarischen Ausdruck mit Hilfe eines Zeilendruckers direkt zur graphischen Darstellung gelangen. Zu diesem Zwecke wurde ein Zeichenprogramm entwickelt, das je Branche die Prozentsätze der Käufer für den entsprechenden Zielort mit Hilfe eines Trommelplotters darstellt. Um die Übersichtlichkeit der Darstellung zu gewährleisten, werden nur die vier am häufigsten genannten Zielorte ihrem Anteil entsprechend auf einen Vollkreis verteilt. Das Ergebnis ist ohne zusätzliche Aufbereitung reproduktionsfähig. BILD 2 zeigt als Beispiel den Einzugsbereich der Lebensmittelgeschäfte im Landkreis St. Wendel.

2.2. Innenbefragung

Als zweite Möglichkeit zur Erfassung von Verflechtungsbereichen soll die sog. "Innenbefragung" erläutert werden. Im Gegensatz zum ersten Verfahren werden hier Besucher (vgl. Fußnote 1)) in den Geschäften, Betrieben, Praxen - im folgenden Funktions-

---

[1] "Besucher" sind hier als Kunden, Klienten oder Patienten zu verstehen.

träger genannt - des Zentralortes nach ihrem Herkunftsort gefragt. Um die Kundenzahlen aus den verschiedenen Wohnorten miteinander vergleichen zu können, wird eine sog. Nachfrageintensität definiert. Sie ist ein direkter Maßstab für die Funktionalbeziehung zwischen den Wohnorten der Besucher und dem entsprechenden Zentralort.

Die Intensität I der Funktionalbeziehungen ist wie folgt definiert:

$$I(F_i, W_j, T_k) = \frac{K(F_i, W_j, T_k) \cdot A}{SK(F_i, T_k) \cdot E(W_j)}$$

F_i = Funktionsträger $i = 1, L$ (L = Anzahl der Funktionsträger)

W_j = Wohnort $j = 1, M$ (M = Anzahl der Wohnorte)

T_k = Tag des Erhebungszeitraumes, $k = 1, N$ (N = Anzahl der Tage)

$K(F_i, W_j, T_k)$ = Summe der Besucher in F_i aus dem Wohnort W_j am Tage T_k

$SK(F_i, T_k)$ = Gesamtzahl der Besucher in F_i am Tage T_k

$E(W_j)$ = Einwohner des Wohnortes W_j

A = Konstanter Faktor

Um anschauliche Zahlenwerte zu erhalten, wird ein Multiplikationsfaktor A errechnet, der die Intensität des Zentralortes auf den Einheitswert 100 ergänzt. Sofern keine Mittelbildung über die einzelnen Funktionsträger angestrebt wird, kann der Faktor $SK(F_i, T_k)$ wegfallen. Im Falle der Mittelbildung dient er als Gewichtung der Funktionsträger.

Um die errechneten Intensitäten mit anderen Erhebungen vergleichbar zu machen, werden folgende

Mittelbildungen für jeden Wohnort vorgeschlagen (ortstypisch):

1. Mittel über den gesamten Erhebungszeitraum:

$$I M_1 (F_i, W_j) = \sum_{k=1}^{N} I (F_i, W_j, T_k)/N$$

2. Mittel über den Erhebungszeitraum und die Funktionsträger:

$$I M_2 (W_j) = \sum_{i=1}^{L} I M_1 (F_i, W_j)/L$$

Die Stetigkeit der funktionalen Beziehungen während des Erhebungszeitraumes wird durch den Variationskoeffizienten verdeutlicht, der auch relative Standardabweichung genannt wird und in % ausgedrückt ist:

$$VK = \sqrt{\frac{\sum (I - I M_1)^2}{(N - I) N}} \cdot \frac{100}{IM_1} \; [\%]$$

Der Variationskoeffizient der einzelnen Gemeinden kann sehr starken Schwankungen unterliegen. Sein Betrag ist ohne Auswirkungen, solange die Intensität des Wohnortes gegenüber der des Zentralortes sehr klein ist.

Infolge des umfangreichen Datenmaterials ist auch für diese Berechnungen der Einsatz der EDV unerläßlich. Die o. a. Formeln können ohne besondere Schwierigkeiten in eine Programmiersprache übersetzt und mit dem erhobenen Datenmaterial durchgerechnet werden.

Die auf diesem Wege gewonnenen Intensitäten sind damit in der Maschinensprache vorhanden und für die unmittelbare graphische Darstellung geeignet. Es wurde ein Zeichenprogramm entwickelt, das die Beziehungen der umliegenden Orte zum Zentralort demonstriert. Der absolute Wert der Intensität ist

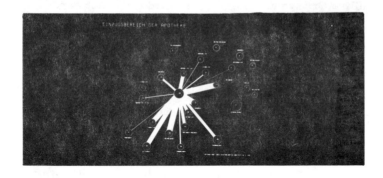

③

EINZUGSBEREICH DER APOTHEKE

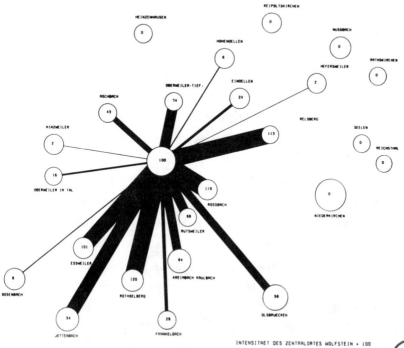

INTENSITAET DES ZENTRALORTES WOLFSTEIN = 100

④

numerisch in den Kreisen zu finden, durch die der
jeweilige Ort symbolisiert ist und wird graphisch durch
die Breite der Verbindungslinie zwischen Wohn- und
Zentralort veranschaulicht. Für diese Art der Darstellung eignet sich insbesondere die Benutzung eines Filmplotters. Das Filmnegativ (BILD 3) bzw. die positive
Vergrößerung (BILD 4) zeigen den Einzugsbereich der
Apotheke des Zentralortes Wolfstein. Infolge der hohen
Zeichengeschwindigkeit, für dieses Bild etwa 5 sec.,
und aufgrund der möglichen Variation in der Strichbreite
ist der Filmplotter dem im ersten Verfahren benutzten
Trommelplotter überlegen.

3. Vergleich der beiden Verfahren

Die Innenbefragung hat den Vorteil, daß man genaue
Kenntnis über die Kundenzahl während des Erhebungszeitraumes erhält. Das Verfahren trifft keine Aussage
über die Beziehungen der Herkunftsorte untereinander
und zu anderen Zentralen Orten, sofern nicht auch
dort eine Innenbefragung durchgeführt wird. Aus ihr
geht jedoch hervor, ob und inwieweit das Güter- und
Dienstleistungsangebot innerhalb des Untersuchungsgebietes auch von außerhalb in Anspruch genommen
wird. Dieser Vorteil kommt besonders dort zustatten,
wo Verwaltungsgrenzen eine behördliche Schranke für
die Außenbefragung bilden. Manipulationen hinsichtlich der Angabe des Zentralortes wie bei der Außenbefragung, sind aus leicht ersichtlichen Gründen nicht
möglich.

Von Nachteil ist aber die ungenaue Führung der

Strichlisten durch die Geschäftsleute. Durch tägliches Austeilen und Einsammeln neuer Fragebögen ist aber eine gewisse Kontrolle möglich. Länger als 14 Tage sollte die Befragung nicht dauern, da nach diesem Zeitraum der Wille zum exakten Ausfüllen der Fragebögen stark nachläßt. Da in Zentralen Orten mit mehr als 2000 Einwohnern die Zahl der Funktionsträger i. d. R. für eine Totalbefragung zu groß ist, muß eine geeignete Auswahl unter den Funktionsträgern getroffen werden.

Die Außenbefragung bietet von beiden Verfahren die größte Gewähr, einen repräsentativen Querschnitt zu erheben und läßt damit eine höhere Genauigkeit für das Ergebnis erwarten. Die Erfahrung hat gezeigt, daß in der Regel ein Querschnitt von 20 % der Bevölkerung als repräsentativ angesehen werden kann. Bei größeren Untersuchungsgebieten ist außerdem die Organisation und Durchführung der Erhebungen leichter zu realisieren. Für ein begrenztes Untersuchungsgebiet läßt sich als Ergänzung zur Innenbefragung die Orientierung der Wohnbevölkerung nach außerhalb feststellen.

Bei der Anwendung nur eines Verfahrens sollte der Außenbefragung der Vorzug gegeben werden. Werden beide Verfahren benutzt, so können sie zur gegenseitigen Kontrolle und Ergänzung dienen. Durch die Reduktion der Außenbefragung auf den Zeitraum der Innenbefragung kann ein direkter Vergleich für die jeweiligen Funktionsträger bzw. Branchen vorgenommen werden.

4. Möglichkeiten und Grenzen der Befragung der Bevölkerung

Abschließend bleibt festzustellen, daß die Ergebnisse der Außen- und Innenbefragung immer nur einen - wenn auch entscheidenden - Teilaspekt bei der Erfassung und Abgrenzung von Verflechtungsbereichen darstellen. Man kann feststellen:

1. Wo zentrale Einrichtungen fehlen bzw. nur unter nicht mehr zumutbarem Zeitaufwand erreicht werden können (Leerräume),

2. welche Gemeinden sich aufgrund des derzeitigen Bedeutungsüberschusses als Standorte für zentrale Einrichtungen besonders eignen.

3. Ferner lassen die Ergebnisse einer Fragebogenaktion, wie sie im Landkreis St. Wendel durchgeführt wurde, wichtige Rückschlüsse auf die Funktionsfähigkeit des Straßennetzes wie auch des öffentlichen Nahverkehrsnetzes zu.

Berücksichtigt man außer den Befragungsergebnissen auch die Pendlerverflechtungen, Zwangsbeziehungen (z.B. im Bereich der Verwaltung und Schulen) und die historisch gewachsenen, zwischengemeindlichen Bindungen, so kann ein räumliches Leitbild entwickelt werden, das auf der Basis leistungsfähiger, sinnvoll abgegrenzter Nahbereiche die günstigsten Voraussetzungen für eine ausgewogene wirtschaftliche, soziale und kulturelle Entwicklung schafft.

LITERATURVERZEICHNIS

(1) Handwörterbuch der Raumforschung und Raumordnung. Hrsg.: Akademie für Raumforschung und Landesplanung. Hannover 1970.

(2) Strack, H.: Sanierungs- und Entwicklungsmaßnahmen der Dorferneuerung. In: Informationen Nr. 28. Hrsg.: Bundesminister für Städtebau und Wohnungswesen. Bonn 1971.

(3) Kreyszig, E.: Statistische Methoden und ihre Anwendungen. Göttingen 1968.

(4) Stegt, J.: Landkreis St. Wendel - Strukturgutachten. Bearbeitet im Institut für Städtebau, Siedlungswesen und Kulturtechnik der Universität Bonn. Bonn 1972.

(5) Bohr, D.: Versorgungsnahbereich der Stadt Wolfstein. Diplomarbeit am Institut für Städtebau, Siedlungswesen und Kulturtechnik der Universität Bonn. Bonn 1970.

(6) Deutscher Gemeindetag (Hrsg.): Nahbereiche und Zentrale Orte. Schriftenreihe des Deutschen Gemeindetages. Bad Godesberg 1966.

(7) Weigand, K.: Stadt - Umlandverflechtungen und Einzugsbereiche der Grenzstadt Flensburg und anderer Zentraler Orte im nördlichen Landesteil Schleswig. Schriften des geographischen Instituts der Universität Kiel, Bd. 25. Kiel 1966.

(8) Budde, A.: Zur Erfassung von Verflechtungsbereichen und zu ihrer Verwendung in der Raumplanung - gezeigt an einem Beispiel in der Vorderpfalz. Dr.-Ing.-Dissertation. Bonn 1969.

Aloys Budde

BAULEITPLANUNG ZWISCHEN WOLLEN UND WIRKLICHKEIT

Das Bundesbaugesetz hat nun schon mehr als eine Praxis-Dekade hinter sich. Die vor zwölf Jahren neuen Verfahrensgänge sind eingeübt, formale Fehler sollten seltener werden. Längst hat die Bauleitplanung die Faszination des Neuen an das Städtebauförderungsgesetz und Umweltschutzgedanken abtreten müssen. Es ist Alltag geworden. Vorschußlorbeer zählt nicht mehr, die Entschuldigung mit der neuen Materie ist verbraucht.

Was ergibt der Praxis-Dauertest für die Bauleitplanung? Kann die durch das Bundesbaugesetz geregelte Bauleitplanung die Wünsche seiner "Verbraucher" erfüllen? Verbraucher soll hier stehen für einen Erschließungs- und Bauträger, der in einer Vielzahl von Städten, Gemeinden, Kreisen und Regierungsbezirken in verschiedenen Bundesländern Erfahrungen mit der Bauleitplanung sammeln konnte. Die daraus abgeleiteten Folgerungen sind sicher nicht allgemeingültig. Deshalb können sie auch unbefangen vorgetragen werden.

Der Flächennutzungsplan soll die beabsichtigte Art der Bodennutzung nach den voraussehbaren Bedürfnissen in den Grundzügen darstellen. Aber so "unverbindlich" dieser Plan auch ist: die Ausweisung von landwirtschaftlich genutzten Flächen als Bauflächen bringt einen Sprung des Bodenpreises. Das kann nicht der Sinn des Bundesbaugesetzes sein, läßt sich bei gesetzestreuem Vorgehen aber nicht vermeiden. Die Folgerungen liegen auf der Hand:

der nächste Sprung der Bodenpreise bei der Festsetzung im "verbindlichen" Bebauungsplan folgt bestimmt. Als Gegenmaßnahme aber wird dann häufig ein hohes Maß der baulichen Nutzung erwogen. Und schon kommt als vermeintliche Rettung die verdichtete Bauweise, die die hohen Bodenpreise besser verteilen soll, tatsächlich aber hohe Bodenpreise erst recht als vertretbar erscheinen läßt. Eine kurze Überschlagsrechnung läßt erkennen, in welchem Maß der Bodenpreis auf die Monatsmiete durchschlägt.

Bei einer Geschoßflächenzahl von 1,0 bewirkt eine Bodenpreissteigerung um 50,-- DM/qm bei 8,5 %iger Finanzierung eine Erhöhung der Monatsmiete um rd. 0,35 DM, bei einer Geschoßflächenzahl von 0,5 um rd. 0,70 DM und bei einer Geschoßflächenzahl von 0,3 um fast **1,20 DM.**

Sieht man diese Verteuerung der Monatsmiete im Verhältnis zu den Miethöchstsätzen im sozialen Wohnungsbau, die zur Zeit bei etwa 4,-- DM festgesetzt sind, so liegt das Problem auf der Hand. Der Staat stopft die Differenz zwischen der Kostenmiete und der im Einzelfall tragbaren Miete durch die Mietbeihilfe. Darüber hinaus wird eben verdichtet. Daß durch Verdichtung über ein vernünftiges Maß hinaus neue Löcher aufgerissen werden, stellt sich dann oft später heraus.

Was ist zu tun? Verantwortungsbewußte Kommunalpolitiker versuchen durch eine sinnvolle Bodenvorratspolitik (sprich: Kauf landwirtschaftlich genutzter Flächen **vor** deren Ausweisung im Flächennutzungsplan als Bauflächen) den Preisauftrieb zu dämpfen.

Privatleuten und Gesellschaften ist dieser Weg
wegen der Unsicherheit der Planung meist ver-
schlossen. Auch ist nicht immer sichergestellt,
daß ein günstiger Kauf der landwirtschaftlich genutzten Flächen zu niedrigen Baulandpreisen führt.
Zumal manche Kommunen ihre Finanzsituation
durch lukrative Grundstücksverkäufe zu verbessern
suchen und damit selbst zum Schrittmacher der
Bodenspekulation werden.

Vom Bundesbaugesetz in seiner jetzigen Form ist
hier keine Besserung zu erwarten. Viele Gemeinden
zögern daher auch, Flächennutzungspläne rechtswirk-
sam werden zu lassen, um im Wechselspiel zwischen
Grundstückskauf und Regelung der künftigen Nutzung im
Sinne vertretbarer Bodenpreise sich nicht unnötige Bindungen aufzuerlegen. So fristet manch guter Flächen-
nutzungsplan-Entwurf ein Schubladendasein und die Entwicklung der Gemeinde ist weiterhin dem mehr oder weniger zufälligen Spiel der örtlichen Kräfte überlassen.

Mancherorts richten sich die Hoffnungen auf das Städtebauförderungsgesetz mit der Möglichkeit zur Festsetzung
von Entwicklungsbereichen. Von besonderem Interesse
ist dabei die Grunderwerbspflicht der Gemeinde und das
Einfrieren der Bodenpreise auf dem Stand vor Bekannt-
werden von Planungsabsichten. Aber nach den ersten
Erfahrungen kann auch aus dieser Richtung keine durch-
greifende Hilfe erwartet werden. Einmal ist das Verfahren zur Festsetzung von Entwicklungsgebieten durch Rechtsverordnung der jeweiligen Landesregierung sehr umständ-
lich, zum anderen scheuen die Landesregierungen die
mit der Festsetzung erwarteten Fördermittel und außerdem scheint noch nicht klar zu sein, in welcher Weise

das Niveau der Grundstückspreise im Entwicklungsgebiet festgelegt werden soll.

Wenn hier einmal die Anfangsschwierigkeiten überwunden sind, dürfte eine Ausweitung der den Grunderwerb betreffenden Regelungen des Städtebauförderungsgesetzes auf sämtliche Baulandausweisungen nach dem Bundesbaugesetz der Entwicklung der Gemeinden dienlich sein.

Der Bebauungsplan gibt der Gemeinde viele Möglichkeiten, ihre Vorstellungen von einer geordneten baulichen Entwicklung rechtskräftig festzusetzen. Unter geordneter baulicher Umwelt sei hier weniger die "ordentliche" Aneinanderreihung möglichst gleicher Elemente unter vorwiegender Beachtung baupolizeilicher Vorschriften verstanden, sondern das im Interesse eines hohen Wohn- und Freizeitwertes entwickelte städtebauliche Arrangement aus Baukörpern und Freiflächen, Verkehrsstraßen und Wohnwegen, privaten und öffentlichen Grünräumen mit zwangsläufig differenzierten Festsetzungen im Bebauungsplan.

Ein Bebauungsplan bietet aber beim Umsetzen in die Wirklichkeit um so mehr Reibungsflächen mit den Bauherren, je mehr er über die Mindestfestsetzungen des § 30 BBauG hinausgeht. Mindestfestsetzungen werden aber nur dann zu einem akzeptablen und gewollten Ergebnis führen, wenn die Planfestsetzungen von einem Bauträger nach einem vernünftigen Konzept verwirklicht werden, oder wenn ein überzeugungskräftiger Stadtbaumeister die divergierenden Vorstellungen der Einzelbauherren in einer vertretbaren Bandbreite halten kann. Beim Anblick von Wohngebieten, die nach rechtskräftigem Bebauungsplan mit relativ engen Festsetzungen bebaut worden sind, kann man sich oft nur wundern, welch ästhetisch unbefriedigende Formen auch im Rahmen enger rechtlicher Festsetzungen möglich sind. Es liegt der Schluß nicht weit, daß selbst ein Bebauungsplan mit engen Festsetzungen und flankierender Gestaltungssatzung den denkenden, beratenden und letztlich überzeugenden Stadtbaumeister nicht ersetzen kann. Wobei der Verdacht naheliegt, die Persönlichkeit und nicht der Plan sei der Schlüssel zum Erfolg.

Leider ist jedoch im Alltag eine dieser Erkenntnis entgegengesetzte Strömung festzustellen. Ernüchtert und verunsichert durch eine Lawine von formalen Plananfechtungen üben sich die Kommunen in formalem Perfektionismus. Planerischer Elan und schöpferischer Geist kommen dabei zwangsläufig zu kurz.

Kann das das Ziel der Bauleitplanung sein: die bürokratisierte Planung? Der Gesetzgeber sollte dem schöpferischen Planer den Boden unter den Füßen wieder festigen. Vielleicht ist es möglich, den Formalismus durch Demokratisierung zurückzudrängen. Ein nach dem Muster des Städtebauförderungsgesetzes nachzuweisender Sozialplan könnte und sollte mehr Gewicht haben als formale Spitzfindigkeiten.

Auf einem anderen Blatt steht das dauernde Gerangel um die Beteiligung der Gemeinden am Erschließungsaufwand. Gerade attraktive Klein- und Mittelstädte, die als Zentrale Orte überörtliche Aufgaben zu erfüllen haben, können den Pflichtbeitrag nach § 129 BBauG oft nur schwer aufbringen. Also liegt es nahe, den Anteil der Gemeinde am Erschließungsaufwand zu reduzieren oder zu verlagern. Dieses Bestreben ist um so verständlicher, als der Pflichtbeitrag in der Regel eine Höhe von etwa 2,-- DM/qm Nettobauland nicht übersteigt und insoweit für den Bauherrn im Hinblick auf die Relation zu den Gesamtherstellungskosten kaum ins Gewicht fällt (etwa 1 %).

Andererseits werden die Gemeinden durch diese zwingende Vorschrift des § 129 BBauG zu Praktiken gedrängt, die den Forderungen des § 1 BBauG sehr leicht entgegenstehen können. Zu diesen Praktiken gehört der Versuch, den Umfang der öffentlichen Erschließungsanlagen gering zu halten. Solange das auf legitimem Wege durch wirtschaftliche Gestaltung der Erschließungsanlagen angestrebt wird, ist dagegen nichts einzuwenden. Sobald aber der Weg beschritten wird, Erschließungsanlagen mit eindeutig öffentlichem Charakter im Bebauungsplan als "privat" zu deklarieren, so ist das häufig - abgesehen von den Mehrkosten - mit echten Nachteilen für die Anlieger verbunden. So kommt es vor, Wohnwege generell als "nicht öffentlich" festzusetzen. Das bedeutet für den Anlieger, der ja die Benutzung des Wohnweges in der Regel nicht kontrollieren kann, eine unzumutbare Unsicherheit hinsichtlich der Haftpflicht und eine ungerechte Belastung durch die Herstellungs- und Unterhaltungskosten.

Allein diese Tatsache kann dazu führen, daß differenzierte Erschließungsformen, deren hoher Wohnwert und Wirtschaftlichkeit nachgewiesen sind, nicht mehr angenommen werden. Eine solch bedauerliche Entwicklung sollte nicht vom Gesetz gefördert werden.

Andere Wege zur Entlastung der Gemeinden führen über manipulierte Grundstückspreise, undurchsichtige Grundstückstransaktionen und - gerechtfertigte oder ungerechtfertigte - zusätzliche Beiträge zu den gemeindlichen Folgekosten für Kindergärten, Schulen usw. .

Auf diesem Gebiet ist im Interesse von Klarheit und Gerechtigkeit unbedingt eine Änderung erforderlich. Es müßte doch ausreichen, die Berechtigung einer gemeindlichen Erschließungsmaßnahme von der übergeordneten Planungsstelle bestätigen zu lassen und auf das Reglement des Pflichtbeitrages zu verzichten.

Die hier angesprochenen problematischen Punkte des BBauG sind nicht die einzigen, über die zu diskutieren ist, und sie sind auch nicht umfassend dargestellt. Vielleicht können die Ausführungen aber zum weiteren Nachdenken anregen und so dazu beitragen, das BBauG zum Wohle der Allgemeinheit noch wirksamer zu gestalten.

Hartmut Eicker und Rolf Grundmann

ASPEKTE ZUR WOHNWERTBESTIMMUNG

In den letzten Jahren verstärkt sich in der Planung die Tendenz, mehr Rücksicht auf die Belange und Wünsche der Betroffenen zu nehmen, ohne daß fachliche Gesichtspunkte ihre Priorität (gegenüber der "Anpassungsplanung") verlieren. Die wachsende Bürgernähe findet ihren Niederschlag zum Beispiel im Städtebauförderungsgesetz, das die Erörterung der beabsichtigten Neugestaltung mit den Bürgern im Rahmen der Sozialplanung verbindlich vorschreibt. Neben der gesetzlich verankerten Beteiligung nehmen auch interessierte Bürgergruppen durch private Aktivitäten in Form von Bürgerinitiativen, -foren etc. Einfluß auf städtebauliche Entscheidungsprozesse.
In beiden Fällen wird der Planungsträger mit den Wünschen der Beteiligten direkt konfrontiert. Da jedoch oftmals im Planungsstadium eine Zielgruppe nicht feststeht, besteht für die Praxis einer bürgernahen Planung das Bedürfnis nach Erfassung von Einstellungen, Verhaltensweisen und Wünschen der Bürger, um schließlich diese Aspekte in die Planung einfließen lassen zu können. Es erhebt sich die Frage, ob sich methodische Ansätze zur Lösung dieses Problems finden lassen. Der Einzelne führt die verschiedensten Aktivitäten in der Regel von einem Standort - seiner Wohnung - aus, der sowohl in räumlicher als auch in funktionaler Hinsicht bestimmte Relationen zu seiner Umwelt aufweist. Weiter hat jeder Standort ganz spezifische Eigenschaften. Diese Relationen und Eigenschaften nehmen Einfluß verschiedener Art und Intensität auf eine Größe, die als "Wohnwert" bezeichnet wird. Dabei versteht man unter Wohnwert die zusammenfassende Wertung aller auf das Wohnerleben einwirkenden Komponenten, deren Ergebnis sowohl objekt:- als auch subjekt-

abhängig ist. Die unterschiedliche Bewertung gleicher Sachverhalte durch mehrere Personen hängt von einem unterschiedlich ausgeprägten Wohnempfinden ab, das gekennzeichnet ist durch die soziale Stellung der Betroffenen, und die damit verbundenen abweichenden Interessen, durch den Entwicklungsraum und die von außen herangetragenen Einflüsse.

Hinsichtlich der sozialen Stellung sind von Bedeutung

> der Lebensstandard, der verschiedene Ansprüche z.B. an den Wohnkomfort hervorruft,

> die Bildung, aus der sich z.B. unterschiedliche Freizeitaktivitäten oder Arbeitsplatzqualitäten ergeben,

> das Lebensalter, mit dem etwa das Ruhebedürfnis steigt und

> der Familienstand, welcher öffentliche Einrichtungen, wie z.B. Kindergärten und Schulen in ihrer Bedeutung unterschiedlich einschätzen läßt.

Unter Entwicklungsraum wird in der Hauptsache das Milieu verstanden, das auf die Persönlichkeitsentwicklung des Wertenden zum einen durch die von Eltern und Erziehern vermittelten Anschauungen und die eigene Erfahrung, zum anderen durch die räumliche Wohnumgebung einwirkt. Diese ist einmal eng gefaßt und erstreckt sich über den Bereich der Wohnung hinaus lediglich auf das eigene Wohnquartier, sie beinhaltet aber auch eine weiträumige Unterscheidung etwa in bezug auf Landsmannschaft oder Verdichtungsgebiete und ländlichen Raum.

Ein nicht zu unterschätzender Einfluß auf die Wohnbedürfnisse des Menschen ergibt sich durch die verschiedenen Formen und Methoden der Werbung einschlägiger Industriezweige, wobei natürlich der Grad der Beeinflußbarkeit individuell variiert. Die vorgenannten Einflußfaktoren sind nicht unabhängig voneinander. So werden die Bildungschancen nicht unerheblich von der Beschaffenheit des Entwicklungsraumes bestimmt. Als zusätzliche Größe geht die momentane körperlich-seelische Verfassung in die Bewertung ein, allerdings dürfte sich hier kaum eine Korrelation feststellen lassen.

Nun unterliegen diese Wertvorstellungen aber auch zeitlichen Veränderungen. Der technische Fortschritt ermöglicht steigenden Lebensstandard und damit die Befriedigung erhöhter Ansprüche, wachsende Mobilität der Bevölkerung und Kommunikationsintensivierung. So werden größere Entfernungen wegen der modernen Verkehrsmittel heute nicht mehr als so störend angesehen, wie noch vor einigen Jahrzehnten. Wachsende Einkommen führen zu höherem (technisch-materiellem) Lebensstandard. Güter, die zunächst nur wenigen vorbehalten sind, werden im Laufe der Zeit zum Gegenstand allgemeinen Bedarfs. Als Beispiel sei hier etwa erwähnt, daß Bad und Zentralheizung, früher noch als Luxus geltend, heute durchaus für breite Bevölkerungsschichten selbstverständlich sind. Im Bereich der Infrastruktur ruft eine Änderung der Lebensgewohnheiten, z.B. die Verkürzung der Arbeitszeit, einen erhöhten Bedarf an gut erreichbaren Freizeiteinrichtungen oder die Erhöhung von Wasser- und Energieverbrauch eine neue Dimensionierung der Leitungssysteme hervor. Dieser Entwicklungsprozeß führt zu einer Erweiterung der Grundausstattung, wobei der Begriff Grundausstattung sowohl Einrichtungen der Wohnung selbst wie auch der Infrastruktur umfaßt, die von einer breiten Mehrheit der Bevölkerung als notwendig erachtet werden. Das subjektive Wohnempfinden und damit der Wohnwert sind somit temporären Änderungen unterworfen und müssen als dynamische Größen angesehen werden.

Nach dieser Erörterung stellt sich der Wohnwert auch als Ergebnis einer subjektiven Einschätzung dar. Wegen der Komplexität des Wohnwertes kann seine Bestimmung nicht in einem Schritt, sondern nur nach Einschätzung einzeln bewertbarer, objektbezogener Kriterien in einer Zusammenschau versucht werden. Die Kriterien werden in zwei Hauptgruppen gegliedert. In die erste Gruppe gehören solche, die die Wohnungsausstattung betreffen, z. B. Bad, Zentralheizung, Größe der Zimmer. Die zweite Gruppe umfaßt Merkmale, die die Beziehung der Wohnung und der Bewohner zur Umwelt, z. B. Lage im Gebäude, Besonnung, Verkehrserschließung, Entfernung zu öffentlichen Einrichtungen, Einkaufsmöglichkeiten, Lage zum Arbeitsplatz charakterisieren. Aus der Bewertung der Einzelkriterien bildet sich der subjektiv empfundene Wohnwert. Es wäre sicherlich wünschenswert, aus der Zahl der Einzelmerkmale solche herauszulösen, die von subjektiven Empfindungen unabhängig und damit quantifizierbar sind. Daß dies letztlich kaum möglich ist, mag ein Beispiel verdeutlichen. Während die Zentralheizung für den einen fast unentbehrlich ist, zieht der andere trotz höheren Arbeitsaufwandes eine Ofenheizung etwa aus Gründen der Gewohnheit und Sparsamkeit vor. Soll nun eine Person die Möglichkeit erhalten, ein Kriterium nach seiner Wertschätzung einzustufen, so muß ihm ein Maßstab an die Hand gegeben werden, der ihm eine abgestufte Bewertung in Abhängigkeit von der Intensität seines Bedürfnisses gestattet. Es erscheint unmöglich, daß bei einer ausreichend großen Zahl von Personen eine Übereinstimmung der Intensitäten und damit ein objektiv bewertbares Kriterium vorliegt. Allerdings dürften sich die Intensitätsschwankungen in gewissen Grenzen bewegen, so daß es sinnvoll erscheint, den Ver-

such zu unternehmen, mit Hilfe statistischer Methoden zu
Aussagen zu gelangen. Zu diesem Zweck wird die durch
eine Gruppe von Personen nach einem vorgegebenen Bewertungsschema durchgeführte Beurteilung von Einzelkriterien einer vergleichenden Analyse unterzogen. Die
Beurteilung wird nach beschreibenden Kriterien (Ankreuzen von Alternativen), nach bewertenden Kriterien (Ankreuzen auf Skalen von 1 (negativ) bis 7 (positiv) Punkten)
oder mit Hilfe von Preisäquivalenzen (durch Angabe von Zu-
und Abschlägen in Geld für das Vorhanden- bzw. Nichtvorhandensein oder den Erfüllungsgrad eines Kriteriums) vorgenommen. Zur Auswertung können als statistische Methode
die Faktorenanalyse und andere Verfahren herangezogen
werden.

Ohne in diesem Rahmen im einzelnen auf das Verfahren
der Faktorenanalyse eingehen zu können, sei hier kurz
das Wesentliche seiner Anwendung auf die Bestimmung
des Wohnwertes skizziert. Die Faktorenanalyse geht von
der zwischen den Merkmalen beobachteten Korrelation
aus. Grundlage des Verfahrens ist im Unterschied zu anderen multivariablen statistischen Methoden die Hypothese,
daß die Merkmale (Variablen) von einer bzw. mehreren
übergeordneten Ursachen (Faktoren) abhängen. Die Analyse
versucht, die Struktur der Faktoren anzugeben, die die beobachteten Daten reproduziert. Die Beobachtungsdaten werden zu ihrer mathematischen Behandlung in Matrizenform
angeordnet (siehe BILD 1). In dieser Matrix bezieht sich
der Spaltenindex (2. Index) auf Personen und der Zeilenindex (1. Index) auf die Merkmale. Zwischen den Beobachtungsdaten können Korrelationen berechnet werden, die dann, ebenfalls in einer Matrix dargestellt, die Grundlage der Analyse
bilden. Aus der Koorelationsmatrix werden mit Hilfe rechnerischer Verfahren (entsprechend dem theoretischen Modell)
die Faktoren extrahiert, deren Anzahl sich u. a. nach dem

Prozentsatz der Gesamtvarianz, den sie repräsentieren, richtet. Der Rechenaufwand zur Bestimmung der Korrelationen und zur Faktorenextraktion wächst mit zunehmender Anzahl der Variablen und Personen. Er ist schon bei weniger komplexen Anwendungen so groß, daß der Einsatz einer elektronischen Rechenanlage empfehlenswert ist. Für die Wohnwertanalyse ist deren Benutzung Voraussetzung. Die Faktoren werden von den Variablen unterschiedlich stark "geladen", für den Fall der Wohnwertbestimmung geben die Faktorladungen ein Maß für die jeweilige Beeinflussung des Faktors durch die Merkmale. So ist durchaus die Extraktion eines Faktors "Wohnungsausstattung" denkbar, der hauptsächlich von den Variablen Bad/WC, Zentralheizung, Größe der Zimmer und Grundriß "aufgeladen" wird. Schließlich sind noch die Faktorwerte zu bestimmen, die Aufschluß geben über die Bedeutung, die der Einzelne und im Mittel die Gruppe den Faktoren zumißt. Der Wohnwert ergibt sich aus den extrahierten Faktoren, die nun noch in sinnvoller Weise zu verknüpfen sind (z. B. additiv, multiplikativ).

Eine Übertragung der Wertvorstellung eines ausgewählten Personenkreises auf die Gesamtbevölkerung wäre zulässig, wenn Stichproben und Grundgesamtheit in solchen Strukturelementen übereinstimmen, die auf das Ergebnis einwirken. In unserem Falle kämen, wie bereits oben gezeigt, insbesondere Alters-, Sozial- und Bildungsstruktur in Frage. Weiterhin ist vorstellbar, daß die Herkunft aus ländlichen oder Verdichtungsgebieten Einfluß nimmt. Zur Klärung dieser Zusammenhänge sollte das Verfahren mit verschieden strukturierten Gruppen durchgeführt und ein Signifikanztest zur Analyse der auftretenden Differenzen vorgenommen werden. Nach den bisherigen Überlegungen erscheint die Hypothese gerechtfertigt, daß Differenzen auftreten, die nicht stochastischer (zufälliger) Natur sind.

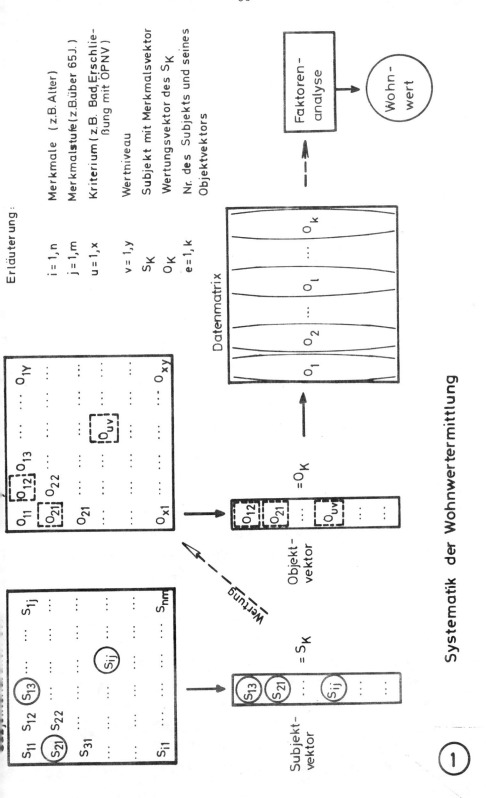

Systematik der Wohnwertermittlung

Bisher wurde noch nicht darauf eingegangen, ob die Kosten, die für die Funktion Wohnen aufgewendet werden, als Wohnwertindikator herangezogen werden können. Sie stellen den Gegenwert dar, den der Wohnungsinhaber für sein Wohnerleben zu zahlen bereit ist und dessen Höhe weitgehend von den Marktverhältnissen abhängt. Das bedeutet, daß sich bei einer quantitativ und regional ausgeglichenen Angebot-Nachfragerelation in verschiedenen Qualitätsstufen ein Preis bilden wird, der als Äquivalent für den Wohnwert interpretiert werden kann. Allerdings sieht man sich vor allem in Verdichtungsgebieten einer angespannten Marktsituation gegenüber, die ebenso wie die gebundenen Mieten in Sozial- und Betriebswohnungen oder die Kostenentlastung durch Gewährung von Wohngeld das Verfahren der Wohnwertermittlung aus Mietpreisen als ungeeignet erscheinen läßt. Die genannte Methode hat einen weiteren, von diesen Einschränkungen unabhängigen Nachteil: die Extraktion der einzelnen Wohnwertfaktoren, die von entscheidender praktischer Bedeutung ist, erscheint wenig sinnvoll, da die Mieten dann zwar die Wohnqualität repräsentieren, ohne jedoch eine Aufteilung der Wohnkosten auf die Komponenten des Wohnwertes zuzulassen. Erst in Verbindung mit weiteren Untersuchungen, die Aufschluß darüber geben, wie der Fortfall oder die zusätzliche Einrichtung einzelner Wohnwertfaktoren geldlich bewertet werden, können entsprechende Aussagen erarbeitet werden.

Welche Schlüsse können nun für konkrete Planungsvorhaben aus einer Wohnwertanalyse gezogen werden? Bei Neuplanungen ist im Entwurfsstadium vielfach die Zusammensetzung der Betroffenen zumindest teilweise unbestimmt, so daß der Wohnwert auf Grund der Testanalysen als fiktive Größe festgelegt werden muß; bei bekannter Struktur kann die Analyse unmittelbar zur Anwendung gelangen. In beiden Fällen führt die Maximierung der Wohnwerte nicht zu einer realisierbaren

Lösung. Die entstehenden Kosten stellen eine einschneidende Restriktion dar, so daß dem Planungsspielraum enge Grenzen gesetzt sind. Trotzdem darf dies nicht dazu führen, daß eine Planung nur unter dem Gesichtspunkt der Kostenminimierung erfolgt, denn zur Sicherung einer angemessenen Lebensqualität sind Mindestanforderungen zu erfüllen, die sowohl die Ausstattung der Wohnung selbst als auch ihre funktionalen Beziehungen zur Umwelt beinhalten. Zu ihrer Bestimmung kann die Wohnwertanalyse einen wichtigen Beitrag liefern, da sie in ihrer generellen Aussage über Lebensgewohnheiten, Bedürfnisse und Wünsche der Bürger Aufschluß über deren Wohnerwartung gibt. An dieser Stelle wird deutlich, daß bei der vorhandenen Geldknappheit Standortvorteile genutzt werden müssen. Das Prinzip der Zentralen Orte und Verdichtungsbänder erfährt hier eine Bestätigung.

Zusammenfassend kann gesagt werden: die Lebensqualität unserer Städte kann nur dann richtig und sinnvoll verbessert und dem dynamischen Charakter der Lebensgewohnheiten und Bedürfnisse gerecht werden, wenn die Wohnwünsche der Bürger in der Gesamttendenz periodisch (z.B. alle 3 bis 5 Jahre) nach den Grundsätzen der empirischen Sozialforschung ermittelt werden und in Funktion und Gestaltung bei den Planungen, vor allem städtebaulicher Sanierungs- und Entwicklungsmaßnahmen Berücksichtigung finden.

LITERATURVERZEICHNIS

(1) Laage, G. und Herr, M.-W.: Die Wohnung von heute für Ansprüche von morgen - Definition und Entwicklung eines deutschen Wohnstandorts. GEWOS - Schriftenreihe, Neue Folge 5. Hamburg 1971.

(2) Albach, H. und Kistner, K.-P.: Faktorenanalyse zur Bestimmung einer Wohnwertfunktion. Bonn 1968.

(3) Thürstein, U.: Die Wohnwünsche der Bundesbürger. Gutachten erstellt im Auftrage des Bundesministeriums des Innern. Bonn 1972.

(4) Überla, K.: Faktorenanalyse. 2. Auflage. Berlin - Heidelberg - New York 1971.

Hans-Peter Ellsiepen

ASPEKTE ZUM ACKERBAU DER 80ER JAHRE,
LANDSCHAFTSBILD UND LANDSCHAFTSPFLEGE

In den letzten Jahrzehnten hat der ländliche Raum grundlegende Strukturänderungen erfahren. Von 1950 bis 1972 sind von den 3,8 Mio. Arbeitskräften in der Landwirtschaft 2,5 Mio. ausgeschieden. Die Zahl der landwirtschaftlichen Betriebe hat insgesamt um 40 % abgenommen, während die Zahl der Betriebe über 50 ha um 40 % zugenommen hat. Durch intensivere Bewirtschaftung hat sich in den letzten 15 Jahren die Netto-Nahrungsmittelproduktion bei einem Flächenverlust von 6 % der Nutzfläche und wachsendem Anteil an Sozialbrache um 17 % erhöht (1). Das bedeutet: Weniger Arbeitskräfte produzieren auf größeren Betriebseinheiten mehr als früher.

Die wenigen Zahlen sollen genügen, um die Strukturänderungen im ländlichen Raum zu kennzeichnen. Hiervon sind alle Lebensbereiche betroffen; insbesondere die Produktionstechniken in der Landwirtschaft mußten neuen Erfordernissen angepaßt werden.

Die Abwanderung der Arbeitskräfte war nur auszugleichen durch konsequenten Einsatz aller technischen Hilfsmittel. Pferde- und Ochsengespanne sind aus unserer Landschaft restlos verschwunden. Sie sind durch immer stärkere Schlepper abgelöst worden. Die Bodenbearbeitungs- und Erntegeräte sind leistungsfähiger geworden und die Wirtschaftsgebäude sind zu Maschinenhallen, Vorratslagern oder Stätten der tierischen Veredlungsproduktion ausgebaut worden. Der Ackerbauer der Vorkriegszeit hat sich zum marktbewußten Agrarunternehmer entwickelt.

Während sich die Produktionstechniken, insbesondere auch die Techniken der Bodenbearbeitungs- und Ernteverfahren, grundlegend geändert haben, ist die Landschaft - Form, Größe und Zuwegung der Ackerparzellen - die gleiche geblieben. Mit Ausnahme der Räume, die durch die Flurbereinigung in den letzten Jahren geordnet wurden, hat kaum eine Anpassung der Landschaft an die neuzeitlichen Produktionstechniken stattgefunden.

Die bestehende Gliederung der Landschaft setzt aber dem rationellen Einsatz der neuen Maschinen zunehmend Grenzen, wie der wachsende Anteil der Brachlandflächen zeigt. Selbst in besten Ackerlagen findet man Parzellen, die nicht mehr rentabel bewirtschaftet werden können.

Man muß davon ausgehen, daß die Entwicklung auf dem Arbeitskräftesektor in der Landwirtschaft noch nicht abgeschlossen ist. In zehn bis fünfzehn Jahren wird eine Arbeitskraft in der Lage sein, die doppelte Ackerfläche zu bewirtschaften. Dies wird eine weitere Konzentration der Flächen auf größere Betriebe und den Einsatz noch leistungsfähigerer Maschinen mit sich bringen (2).

So können heute schon zwei Arbeitskräfte einen viehlosen Ackerbaubetrieb von 200 ha mit Hilfe des folgenden Maschinenparks bewirtschaften:

    2 Allradschlepper von 75 und 130 PS
    SF-Mähdrescher (4,20 m Breite)
    zwölfreihiges Einzelkornsägerät (6,00 m Breite)
    sechsfurchiger Aufsattelpflug
    Gerätekombination (6,00 m Breite)
    Drillmaschine (6,00 m Breite)
    Düngerstreuer (12,00 m Breite)
    Spritzgerät (12,00 m Breite)

Betriebe mit einer entsprechenden maschinellen Ausstattung sind in der Kölner Bucht anzutreffen. Aber nicht nur auf intensiven Getreide-Hackfruchtbau-Betrieben von 200 ha Größe wird man Maschinen der angesprochenen Leistung einsetzen. Mittlere Betriebe mit 20 bis 40 ha Ackerland - die ihren Betrieb über die Viehhaltung aufstocken und damit die fehlende Landzulage ausgleichen - werden über Maschinengemeinschaften und Lohnunternehmer vermehrt die zeit- und kostensparenden Großmaschinen benutzen.

In der nachfolgenden Tabelle sind für Geräte der angesprochenen Größenordnung die für einen optimalen Einsatz ausschlaggebenden Daten zusammengestellt. Die Werte sind Prospekten der Landmaschinenindustrie entnommen. Bemerkenswert sind die hohen Flächenleistungen, die auf Erfahrungen in Großbetrieben beruhen.

Leistungsdaten neuzeitlicher Ackergeräte [3]

Arbeitsgerät	Eigengew. t	Nutzlast t	Arbeitsbreite (Regelbreite) m	Arbeitsgeschwindigkeit (Mittel) km/h	Tagesleistung Flächenleistung je 8 Std ha	Flächenleistung je Ladung ha	Arbeitsstreifenlänge je Ladung m
Allradschlepper 120 PS 4-schaarig. Pflug	5,1		(1,2)	(8)	5		
Saatbettkombination			3,5 - 6,0 (5,6)	8 - 12 (10)	30		
Drillmaschine pneumatisch	0,4	0,7	5,0 - 7,0 (6,0)	8 - 12 (10)	20 - 30	4 - 7	6 000 - 11 000
Düngerstreuer pneumatisch	0,4	0,9	10,0-12,0 (12,0)	6 - 10 (8)	20 - 30	2 - 4	1 700 - 3 400
Großflächenstreuer	2,0	6,0	4,0 - 6,0 (6,0)	4 - 8	10 - 20	2 - 10	3 000 - 13 000
Spritzgerät	0,2	0,8	10,0-15,0 (12,0)	6 - 10 (8)	20 - 30	2	1 700
Mähdrescher	8,1	3,8	3,7 - 5,7 (4,2)	1 - 8 (4)	4 - 8	0,7-1,0	1 800 - 2 400
Rüben-Bunker-Köpfroder	2,5 / 3,0	2,5 / 5,0	(1,0) / (1,0)	(6) / (6)	1,6 / 2,3	0,05 / 0,1	500 / 1 000
Rüben-Ernte-Kombination (Köpfer, Roder, Lader, 2 Anhänger, 5 Schlepper)			(2,5)	(5)	6,5	0,1	500

Welche Forderungen sind nun aus der Sicht der Produktionstechnik - im Idealfall - an eine Gemarkung, eine Landschaft, zu stellen, die einen optimalen Einsatz dieser Maschinen gestattet?

1. Keine Parzelle - Fläche, die mit einer Kulturart bestellt wird - darf kleiner als 5 bis 10 ha sein. Bei vielen Arbeitsgängen sind Flächen dieser Größe in einem halben Arbeitstag unter Berücksichtigung der An- und Abfahrtzeiten zu bewirtschaften.

2. Die Furchenlängen sollen 400 bis 500 Meter betragen. Jeder Wendevorgang bedeutet unproduktive Zeit. Rübenroder und Mähdrescher haben Kapazitäten, die diese Furchenlängen ermöglichen. Mit allen anderen Geräten kann ein Vielfaches dieser Furchenlänge bearbeitet werden, bevor ein Ladevorgang eingelegt werden muß.

3. Die Längsseiten der Parzellen müssen geradlinig sein und parallel zueinander verlaufen. Alle Arbeitsvorgänge erfolgen in parallelen Streifen. Je größer die Arbeitsbreite einer Maschine ist, um so störender wirken sich geringe Abweichungen aus der Parallelen aus.

4. Der Aufstoß der Arbeitsstreifen auf den Wirtschaftsweg sollte möglichst unter einem Winkel von 90 Grad erfolgen. Eine Abweichung von dieser Bedingung hat zur Folge, daß Dreiecke entstehen, die doppelt oder gar nicht bearbeitet, chemisch behandelt, gesät und gedüngt werden. Schon bei einer Abweichung von 21 Grad vom rechtwinkligen Aufstoß ergibt sich im Mittel ein 1 m breiter Streifen, der Ertragsausfälle zeigt (siehe BILD 1). Liegen diese Verhältnisse an beiden Wegen vor, so wird bereits 0,5 % der Fläche beeinträchtigt.

5. Jede Parzelle muß an den beiden Kopfenden - Aufstoß der parallelen Arbeitsstreifen - durch Wege erschlossen sein. Einer dieser Wege ist so zu befestigen, daß er zu jeder Jahreszeit befahrbar ist.

6. Das Wegenetz muß Fahrten mit Schlepper und zwei Anhängern zulassen. Das bedeutet, die Hauptwirtschaftswege dürfen keine Steigung über 5 % aufweisen, 2 x 8 t Nutzlast plus Eigengewicht müssen gezogen werden können und alle Kehren müssen mit entsprechendem Radius ausgebaut sein.

7. Der Übergang vom Acker auf den angrenzenden Weg muß an jeder Stelle möglich sein und darf nicht durch Gräben oder Windschutzpflanzungen unterbrochen sein. Jeder Baumbestand hindert, da die Geräte in Arbeitsstellung (bis 12 m Breite) weit über die Fahrspur hinausragen. Windschutzpflanzungen sind jedoch für die Erhaltung des Groß- und Kleinklimas, die Bekämpfung der Wind- und Wassererosion sowie die Förderung des biologischen Gleichgewichtes in der Kleintierwelt (Schädlingsbekämpfung) von Bedeutung. Die Vorteile einer ökologisch ausgeglichenen Landschaft sind gegen die Erschwernisse in der maschinellen Bewirtschaftung abzuwägen.

8. Alle Wohn- und Wirtschaftsgebäude müssen in Agrarorten zusammengefaßt werden. In der engen Fühlung der Betriebe innerhalb eines Agrarortes sind Kooperationen und Entwicklungen in der Betriebsstruktur leichter möglich. Die Vorteile der engen Fühlung wiegen bei Ackerbaubetrieben die längeren Wege zu den Feldern auf.

Eine Landschaft, die diesen Bedingungen entspricht - eine ideale Produktionslandschaft für den intensiven Ackerbau, eine Traktorenlandschaft (4) ist relativ eben. Sie wird durch gradlinige rechtwinklig zueinander angeordnete Wege und Grenzen großräumig gegliedert. Durch das Fehlen des Baumbestandes wird die Weite noch betont.

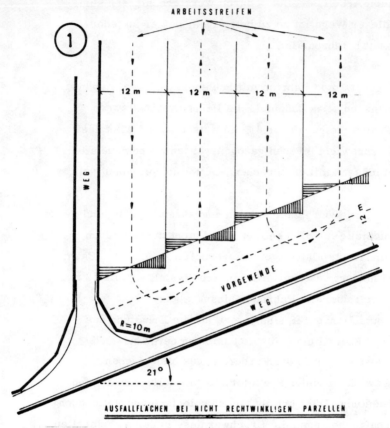

Abgesehen davon, daß es in der Bundesrepublik nur wenige Landschaftsräume gibt, die aufgrund ihrer Topographie die Gestaltung einer idealen Produktionslandschaft zulassen könten, würde die skizzierte Landschaft kaum den vielfältigen außerlandwirtschaftlichen Ansprüchen gerecht werden können, die in unserem dicht besiedelten Land heute an jede Landschaft gestellt werden müssen.

Der Planer im ländlichen Raum, insbesondere der planende Ingenieur in der Flurbereinigung, steht immer wieder vor der Aufgabe, die unterschiedlichsten Ansprüche an eine Landschaft zu berücksichtigen. Wo diese nicht miteinander in Einklang zu bringen sind, ist im Einzelfall zu entscheiden, welche Prioritäten zu setzen sind. In zunehmendem Maße werden diese Entscheidungen gegen die idealen Bedingungen einer agrarischen Produktionslandschaft ausfallen: Straßen werden einen Raum diagonal schneiden; Wohngebiete sind abzugrenzen; kleine Waldflächen, schmale Wiesenbänder, Hecken und durch die Topographie festgelegte Wasserläufe sind aus der Sicht des Fremdenverkehrs, der Windverhältnisse, der Wasserwirtschaft usw. zu erhalten, zu ergänzen oder neu anzulegen.

Der Planer darf jedoch nicht nur die Gestaltung der Landschaft im Auge haben, sondern er muß sich in zunehmendem Maße darüber Gedanken machen, wer die Landschaft pflegt. In einer Zeit, in der aus dem Wald keine Erträge zu erwirtschaften sind und die gemeindlichen Grünanlagen immer größere Unterhaltungskosten verursachen, übernimmt die Landwirtschaft die Landschaftspflege noch kostenlos, was bisher kaum wahrgenommen und in keiner Weise honoriert worden ist (6).

Jede Abweichung von den Voraussetzungen einer idealen Produktionslandschaft bringt aber für den landwirtschaftlichen Unternehmer höhere Betriebskosten. Je nach Bodenqualität kommt für die Betriebe irgendwo der Punkt, wo die Bewirtschaftung einzelner Flächen - ungünstige Form, zu kurze Furchen, zu kleine Flächen - oder ganzer Landschaftsräume - zu stark gegliederte Landschaft - unwirtschaftlich wird. Hier kann und wird der landwirtschaftliche Unternehmer die Aufgaben der Landschaftspflege unter den gegebenen Marktverhältnissen nicht mehr wahrnehmen, wie die zunehmenden Brachlandflächen in den Mittelgebirgen oder in den Entwicklungsbereichen der Großstädte zeigen.

Die Landwirtschaft wird sich zunehmend aus Flächen mit ungünstigeren Produktionsbedingungen zurückziehen. Bisher werden diese Flächen vielfach noch bewirtschaftet - aus Tradition, weil nicht kalkuliert wird, weil noch alte Maschinen vorhanden sind, weil die Arbeitskraft nicht ausgelastet ist - obwohl sie keinen Gewinn bringen. Die heranwachsende Generation der landwirtschaftlichen Unternehmer, der Landwirt der 80er Jahre, wird aber unter dem Druck der Konkurrenz aus den Ländern mit günstigeren Produktionsbedingungen innerhalb und außerhalb der EWG Aufwand und Ertrag schärfer vergleichen.

Der Anteil der Brachlandflächen wird zunehmen. Die Struktur einzelner Räume wird dabei entscheidend geändert. Man muß die Entwicklung früh genug erkennen, um sie entsprechend zu steuern. Die einzelnen Landschaftsräume müssen ihrer Aufgabe entsprechend gestaltet werden, z. B. als Vorrangflächen für die Landwirtschaft, als Naherholungsgebiete, als Fremdenverkehrsgebiete usw.. Dementsprechend werden zwangsläufig Flächen anfallen, die nicht mehr rationell landwirtschaftlich genutzt werden können.

Die Fragen der Landschaftsgestaltung und Landschaftspflege werden im Hinblick auf die technischen Produktionsbedingungen in der Landwirtschaft zunehmend die Planer aller Fachrichtungen beschäftigen. Wo es zu vertreten ist, sollte man die landwirtschaftlichen Nutzflächen produktionsgerecht gestalten. Hierbei kann es sich um einzelne Parzellen oder ganze Landschaftsräume handeln. Nur diese Flächen werden von der Landwirtschaft auf die Dauer in Kultur gehalten, ohne daß es besonderer Anreize bedarf. Wo andere Nutzungen die Schaffung optimaler Grundstücksformen verhindern, müssen der Landwirtschaft die landschaftspflegerischen Leistungen honoriert werden, d. h. die erhöhten Produktionskosten erstattet werden, wenn man Wert darauf legt, daß hier auch in Zukunft eine landwirtschaftliche Nutzung erfolgt.

Die Pflege der Landschaft wird zu einer Gemeinschaftsaufgabe unserer Gesellschaft werden. Den Agrarunternehmern und der nichtlandwirtschaftlichen Bevölkerung müssen die sich wandelnden Aufgaben der Landschaft und der Landwirtschaft bewußt gemacht werden, damit die Voraussetzungen, die unsere vielgestaltige Landschaft bietet, zum Wohle aller genutzt werden.

LITERATURVERZEICHNIS

(1) Materialband zum Agrarbericht 1973 der Bundesregierung. Bundestagsdrucksache 7/147.

(2) Erlenbach, K.H.: Flurbereinigung im Blick auf die 80er Jahre. In: Landwirtschaftliche Zeitschrift Rheinland. Bonn 1972.

(3) Prospekte der Firmen: Deuz, Fahr, Weiste, Rauch, Schmotzer, Stoll und Monreau.

(4) Gassner, E.: Städtebau auf dem Lande, Aufgaben und Probleme. Bonner Akademische Reden, Heft 34. Peter Hanstein Verlag. Bonn 1967.

(5) Flurbereinigung und Landschaftspflege. Arbeitskreis "Flurbereinigung und Landschaftspflege". Druck: Flurbereinigungsdirektion München.

(6) Danz, W.: Sozialfunktion der Landwirtschaft. In: Innere Kolonisation, Heft 12/1972.

Klaus Fischer

REGIONALPLANUNG AUF DEM WEG ZUR ENTWICKLUNGSPLANUNG
- DAS BEISPIEL WESTPFALZ -

Daß Raumplanung deutlicher Entwicklungsplanung werden soll, steht außer Zweifel; wenn aber Raumplanung echte Entwicklungsplanung betreiben will, beginnen die Schwierigkeiten. Und zwar methodisch und institutionell. Noch ist die Regionalplanung im Bundesgebiet - von wenigen Ausnahmen abgesehen - so verfaßt, daß sie mehr leisten soll als leisten darf.

Nüchtern bewertet, gehen Wertschätzung und Mißtrauen gegenüber der Regionalplanung bzw. den regionalen Planungsgemeinschaften quer durch alle Gruppen, Institutionen, Parteien. Dabei gibt es vielleicht eine Grundregel:je kleiner die Planungsebene, desto augenfälliger die Planungsnotwendigkeit und desto größer das Planungsverständnis. Gerade die kommunalen Kräfte, an der Quelle des Übels lebend, erwarten Hilfe, drängen auf Veränderung. Hier ist die Einsicht in die regionalen Ordnungsnotwendigkeiten stark gewachsen, das "Hochwandern" der Aufgaben (Maßstabsvergrößerung) am offenkundigsten und das Auseinanderklaffen von Planungs-, Finanzierungs- und Realisierungsebene am folgenschwersten gewesen. Die überkommunal organisierten Kräfte verspüren schon eher die Konkurrenzsituation mit der regionalen Ebene, anerkennen aber die den Planungsgemeinschaften zugewachsenen Raumkompetenzen als ein Zwischenergebnis der Verwaltungsreformbemühungen. Bei den Mittelbehörden trifft sich der Konflikt von kommunaler und mehr staatlich getragener Regionalplanung. Hier überlagern sich regionalplanerisch-sachliche und verwaltungsreformatorisch motivierte Problembereiche. Beide werden nur ungern differenziert betrachtet. So wundert es nicht, daß in Wahrung einmal zugewiesener Kompetenzen regionalen "Schubladenplänen" gern den Vorrang gegeben wird vor echten Realisierungsprogrammen. Damit gelingt es auch, die Institutionen mit Planungs- und Raumkompetenz sorgsam von jenen mit Verwaltungskompetenz zu trennen. Was sich bislang entwickelt hat, ist nichts anderes als ein "Gegensatz von Trägern räumlicher Kompetenzen ohne entsprechende administrative Legitimation und von Trägern administrativer Legitimation ohne die entsprechende räumliche Kompetenz" (1). Diese Vorgehensweise hat sich nahezu lückenlos praktizieren lassen. Nur auf einem Sektor wurde die Kraft der Regionalplanung unterschätzt: dem der Verwaltungsreform. Es besteht wohl kein Zweifel, daß Raumordnung und Raumplanung die Verwaltungsreform initiiert und getragen, also ganz wesentlich bestimmt haben. Damit aber werden die eigentlichen Zielvorstellungen der Regionalplanung eher mittelbar als unmittelbar verfolgt.

Hier taucht auch erstmals ein neues Aufgabengebiet auf; zu der alten "Feuerwehrrolle" der Regionalplanung tritt in neuerer Zeit eine Art von "Schrittmacherrolle". Die Regionalplanung übernimmt immer stärker Entwicklungs- anstelle von Ordnungsfunktionen. Damit steht die Raumplanung an einem entscheidenden Wendepunkt ihrer manchmal doch recht qualvollen Karriere: vor uns zeichnet sich die dritte Generation der räumlichen Pläne ab. Während die städtebaulichen Pläne des 19. und frühen 20. Jahrhunderts zumeist sektoral und punktuell verfaßt waren, greift eigentlich so recht erst die Nachkriegsentwicklung zu überfachlich und überörtlich verfaßten Planformen. Etwa parallel dazu verläuft die oft beschriebene Entwicklung von der räumlichen Planung als Mittel der Anpassung zum Mittel der Gestaltung erst räumlicher, dann mehr auch gesellschaftlicher Prozesse. Der Wendepunkt, vor dem wir stehen, muß die Frage beantworten, ob - und dies gilt insbesondere für Nahbereichs- und Regionalplanung - die räumliche Planung in ihrer Gestaltungskraft weiterentwickelt werden kann, oder ob sie selbst nur Teil eines umfassenderen Planungssystems sein wird. Die dritte Generation der räumlichen Pläne wird nämlich entweder <u>raumorientierte Integralplanung</u> oder <u>handlungsorientierte Partialplanung</u> sein.

Versucht man, Bedeutung und Wirkungsgrad von Regionalplänen abzuschätzen, so ist dies nicht ohne Konfrontation mit der alltäglichen Planungspraxis möglich. Um der Vielfalt der geltenden Organisationsformen in etwa gerecht zu werden, sei auf keinen Spezialverband, sondern auf den regionalen "Normalfall" abgehoben. Und hier ist die Skala der Aktivitäten weit gespannt; sie reicht von der praktischen Vollzugspolitik ohne jegliche Ordnungsvorstellung - Motto: Zum Planen reicht die Zeit nicht mehr - bis hin zu sorgsamen Raumordnungsplänen ohne jegliche Realisierungschance. In diesem Zwischenbereich von Wunsch und Wirklichkeit sind die Regionalen Planungsgemeinschaften angesiedelt. Ihr Auftrag und Aufgabenbereich sind keineswegs unbescheiden. Geht es doch um die bestmögliche Ordnung und Entwicklung unseres Lebensraumes schlechthin, um die Steuerung von Investitionsströmen, um das Beherrschen der Unordnungsfaktoren. Und doch ist die Operationsbasis der Planungsgemeinschaften merkwürdig schmal geblieben. Wenn es auch als erheblicher Fortschritt gelten muß, daß Regionalpläne (landesgesetzlich unterschiedlich geregelt) Rechtsverbindlichkeit erlangen, so kann dies doch keineswegs ausreichen. Zu einem Planungsinstrument gehört gleichsam als konstituierendes Wesensmerkmal ein Durchführungsinstrument. Hieße es nicht die Regionalplanung überfordern, wenn sie gleichzeitig angehalten wird, die Entwicklung des Raumes zu betreiben, ihr aber Realisierungsaufgaben versagt bleiben?

So hat die Planungspraxis die Erkenntnis wachsen lassen, daß ein Regionalplan für seine Aufstellung und Durchführung einen funktionsfähigen <u>Rahmen</u> in verwaltungsmäßiger, finanzieller und organisatorischer Hinsicht benötigt. Aber auch das Planungsverständnis hat sich gewandelt. <u>Methodisch</u> leiden Regionalpläne noch häufig darunter, daß sie der Raumforschung näher stehen als der Raum-

REGIONALER RAUMORDNUNGSPLAN ALS

GUTACHTEN HERKÖMMLICHER PRÄGUNG		ENTWICKLUNGSINSTRUMENT NEUERER ART
bestmögliche künftige Ordnung und Entwicklung einer Region	AUFGABE	bestmögliche künftige Ordnung und Entwicklung einer Region
überörtlich-überfachlich, integriert u. koordiniert	INHALT	überörtlich-überfachlich, integriert u. koordiniert
Bestandsaufnahme - Analyse - Planungsziele	METHODIK	Planungskonzeption über Ist- und Sollzustand, Entwicklungsalternativen, Entscheidungs- und Realisierungsstrategie, Plankontrolle
etwa 15 Jahre	REICHWEITE	etwa 15 Jahre, aber zweistufig aufgebaut, ständige Fortführung
Gutachterarbeit	BEARBEITUNG	örtliche Planungs- und Geschäftsstelle, unbürokratische Entwicklungsstelle
empfehlender Charakter, „Schubladenplan"	FORM	rechtsverbindlich
überwiegend raumbezogen	RAHMEN	raum-, zeit- und finanzbezogen
in der Regel ohne örtliche Aktivitäten	ARBEITSWEISE	örtliche Willensbildung (Beirat, Ausschüsse, Regionalparlament) und langfristige Öffentlichkeitsarbeit nach innen und außen - Regionalbewußtsein
Planungs- oder Verwaltungsebene	BEZUGSEBENE	Kongruenz von Planungs-, Entscheidungs- und Investitionsebene

Gegenüberstellung von Regionalplänen als Gutachten herkömmlicher Prägung und Entwicklungsinstrument neuerer Art.

planung. Der statisch-beschreibende Charakter tritt über den
dynamisch-schöpferischen, von notwendiger Flexibilität einmal
ganz abgesehen. Schließlich gilt es auch,die Regionalpläne ihrem
Inhalt nach fortzuentwickeln, denn längst nicht immer liegen voll-
integrierte und vollkoordinierte Entwicklungskonzepte mit klaren,
konstruktiven Zielvorstellungen vor. Wie wenig aber isolierte Fach-
programme weiterhelfen, hat die Vergangenheit gezeigt; die neuen
Gemeinschaftsaufgaben sind ein ermutigender Anfang.

Eine beachtliche Maßstabserweiterung wird also notwendig, wenn
die Regionalplanung nicht als Selbstzweck dokumentiert, sondern
als echtes Entwicklungsinstrument eingesetzt werden will. Welche
Abweichungen dabei zwischen dem Gutachten herkömmlicher Prägung und dem Entwicklungsinstrument neuerer Art bestehen, mag
BILD 1 veranschaulichen. Wenn auch diese Unterschiede beträcht-
lich sind, so kann doch der "Entwicklungsplan" nicht als völlig
neues Ordnungsinstrument gesehen werden. Es ist nämlich keineswegs so, wie mancherorts betont wird, daß die Entwicklungsplanung
nun völlig neuartig die Raum-, Zeit- und Finanzkomponente einführe,
während die herkömmliche Planung dies gar nicht berücksichtigt
habe.

Der recht verstandene Flächennutzungsplan - und dies wird insbesondere beim "Gemeinsamen Flächennutzungsplan" deutlich (2) -
ist bereits sehr viel mehr als nur ein dürftiges Flächenausweisen
nach dem Katalog des § 5 Bundesbaugesetz (BBauG). Wenn auch
das ordnend-koordinierende Element manchmal mit der Überbe-
tonung reiner Flächenbetrachtung in den Hintergrund gedrängt
wurde, so bedarf es um so mehr des Hinweises auf die umfassende
Aufgabe der Bauleitplanung. Die Leitsätze des § 1 Abs. 4 und 5
BBauG sind nämlich bei der Aufstellung eines jeden Bauleitplanes
zu berücksichtigen. Nicht umsonst wurde der Flächennutzungsplan
der "Generalstabsplan für kommunale Investitionen nach Rang

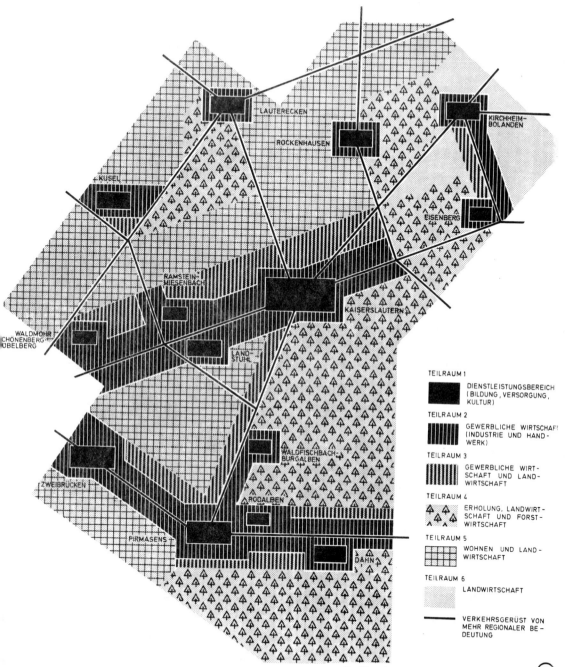

Strukturschema für die Entwicklung der Region Westpfalz.

und Zeit" genannt (3). Die Planungspraxis hat sich häufig danach gerichtet. Auch an § 9 Abs. 6 BBauG sei in diesem Zusammenhang erinnert, der sicherlich nicht ohne Grund darauf hinweist, daß für einen Bebauungsplan die überschläglichen Kosten zu ermitteln sind (4), (5). Kommunalwirtschaftliche Gesichtspunkte sind schon häufig in der Bauleitplanung, weniger in der Regionalplanung berücksichtigt worden (6).

Daß Regionalpläne "integriert" abgefaßt sein müssen, ist eine methodische Selbstverständlichkeit und unterscheidet sie nicht von Entwicklungsplanungen neuerer Prägung. Je deutlicher allerdings die Verflechtungszusammenhänge abgeklärt und quantifiziert sind, desto leichter sind die Pläne als Entwicklungsinstrumente einsetzbar. Es geht also nicht allein um eine stärkere Verknüpfung der oft einzelgutachtlichen Äußerungen und die damit verbundenen quantitativen Verschiebungen, um die Konstruktion von hypothetischen Entwicklungsverläufen und die Darlegung von Alternativmodellen, sondern vor allem auch um die konkrete Formulierung der <u>anzustrebenden Entwicklungsziele.</u> Hier aber ist eine Modifizierung üblicher Planinhalte angeraten, wenn die Regionalplanung überhaupt ihre Konkretisierungspflicht hinsichtlich der Landesplanung und ihre "hochgewanderten" Aufgaben aus der Ortsplanung erfüllen will (7). Jeder Regionalplan gewinnt nur als Entwicklungsinstrument, wenn er den Rahmen nach § 1 Abs. 3 BBauG (Anpassungspflicht an die Ziele der Raumordnung und Landesplanung) weitgehend ausschöpft. Damit wird freilich der kommunale Spielraum erheblich eingeengt. Ohne aber die zukünftige Funktion der Gemeinden (z.B. Landwirtschaft, Gewerbe, Wohnen, zentralörtliche Ausgliederung) und die Entwicklungstendenzen (Wachstum, Stagnation, Schrumpfung) näher zu umschreiben, wird sich kein geordnetes Raumgefüge herstellen lassen. Liegt dagegen dieses strukturelle Gerüst fest, so werden Standortchancen präjudiziert, mögliche Fehlinvestitionen verhindert, beinahe über Sein oder Nichtsein einer kleinen Gemeinde entschieden.

BILD 2, ein Struktur- und Funktionsschema des Regionalen Raumordnungsplanes Westpfalz, mag als Beweis dafür gelten, daß derartige Konzepte auch regionalpolitisch formulierbar und - dies verdeutlicht BILD 3 - in Werbeaktionen übertragbar sind. Zur Wirkungsweise eines Regionalplanes gehört nämlich nicht nur die Rechtsverbindlichkeit. Entscheidend ist und bleibt die örtliche Willensbildung. Auch die Bedeutung einer langfristigen Öffentlichkeitsarbeit wird meist unterschätzt. "Planungsdemokratie" ist nicht nur im leicht faßlichen Städtebau, sondern auch in der abstrakteren Regionalplanung vonnöten (8). Um als Entwicklungsinstrument gelten zu können, muß Regionalplanung schließlich auch "verkauft" werden. Nur ein Plan, der so anschaulich und klar die Zielvorstellungen darlegt, daß auch die politische Tagesarbeit daran orientiert werden kann, hat Realisierungschancen. Jede Konzeption muß sich täglich neu bewähren - und dazu sind komprimierte und generalisierte Planungserkenntnisse als Richtschnur notwendig. "Die ansprechendsten, tiefgründigsten und umfangreichsten Planungsprogramme, die in Schreibtischladen "ruhen", sind für das wirkliche räumliche Geschehen sicherlich bedeutungsloser als ein wenige Seiten umfassender, mit allgemein verständlichem Text und leicht erfaßlichen Abbildungen ausgestalteter Erläuterungsbericht zur Verordnung eines Entwicklungsprogramms, mit dem sich Bevölkerung und Politiker ernstlich befassen müssen" (9).

Die Zukunft wird den regionalen Planungsgemeinschaften sicherlich ein größeres Aufgabenpaket bescheren, denn auf die Diagnose (der Planerstellung) muß jetzt die Therapie (des Tuns) folgen. Dabei können die Planungsgemeinschaften durchaus eine funktionsfähige Operationsbasis abgeben. Auf dem Weg von Schubladenplänen zu echten Realisierungsprogrammen ist zunächst einmal ein <u>Arbeitsverbund</u> von Regionalplanung und Wirtschaftsförderung notwendig. Wirtschaftsförderung wird bislang meist unabhängig von der Regionalplanung betrieben. Dafür gibt es vor allem zwei Gründe: da ist zunächst der Druck der Ereignisse, der die Wirtschaftsförderung früher aktivierte als die Regionalplanung und zwangsläufig

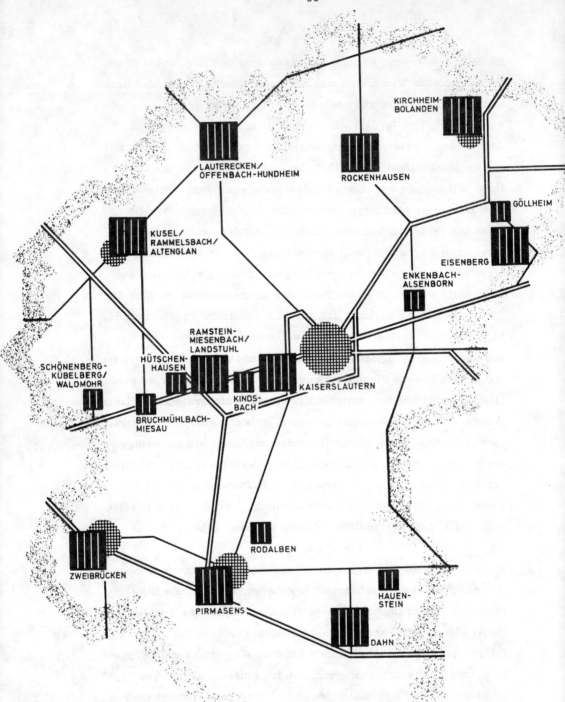

3a Aus dem regionalen Entwicklungskonzept abgeleitete
    ... Schwerpunktorte für Industrieansiedlungen

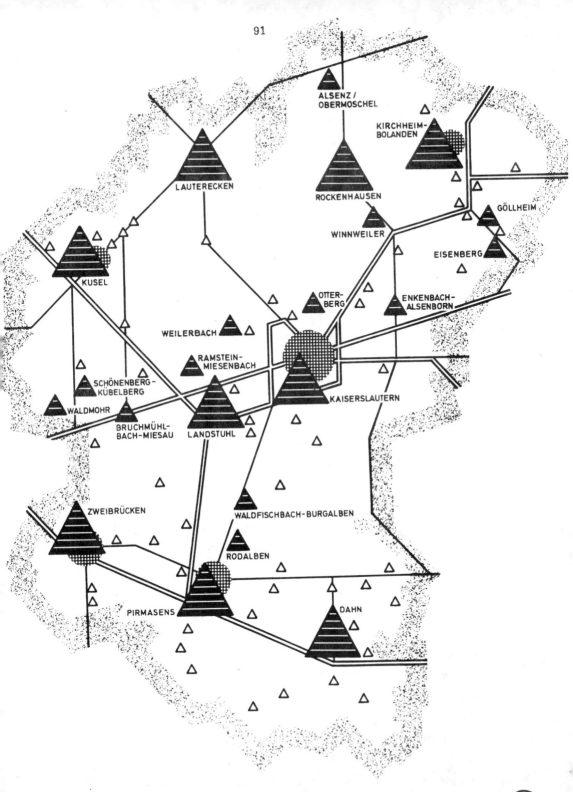

... Schwerpunktorte für den Wohnungsbau 3b

dazu führte, daß mit dem Handeln nicht gewartet werden konnte, bis die Planung mühevoll alle Unterlagen gesammelt und ausgewertet hatte. Der andere Grund für diese Trennung von Planung und Entwicklungsförderung liegt in der Eigenart der gewachsenen Verwaltung, die planerisches Handeln kaum und aktive Förderungsbemühungen nur in Ausnahmefällen praktizierte. Dabei bieten sich die Planungsgemeinschaften als Clearing-Stellen zur Wirtschaftsförderung geradezu an:

- die funktionell abgegrenzte Planungsregion ist von ihrer Größe und Struktur her ein geeigneter räumlicher Bezugsrahmen für die Wirtschaftsförderung

- der regionale Raumordnungsplan liefert Entwicklungsprogramm und Handlungsstrategie zugleich

- die Region ist - mit wachsendem Regionalbewußtsein - ein geeigneter Träger und auch Hintergrund für Werbemaßnahmen

- kommunal verfaßte Planungsgemeinschaften, die zudem im Raum tätig sind, bieten die Gewähr für Ortskenntnis, fortgeschriebene statistische Materialien und flexible Arbeitsweise.

Auch sind in allen Regionalplänen und Investitionsprogammen <u>Prioritätsentscheidungen</u> (10) notwendig, die sich ihrerseits nach den beschlossenen Struktur- und Standortauslesen zu richten haben. Bestimmte Ziele werden dort gefördert oder verhindert, wo eine andere Funktion unzweckmäßiger oder richtiger erscheint. Dieses Vorgehen, das im einzelnen zu heftigen Kontroversen führen mag, sichert insgesamt zweifellos bessere Lösungen, als wenn konzeptlos einmal hier, einmal dort Industrieansiedlung oder Fremdenverkehr gefördert, in schrumpfende Gemeinden kostspielige Infrastrukturinvestitionen geleitet werden. Derartige Funktionsaufschlüsselungen

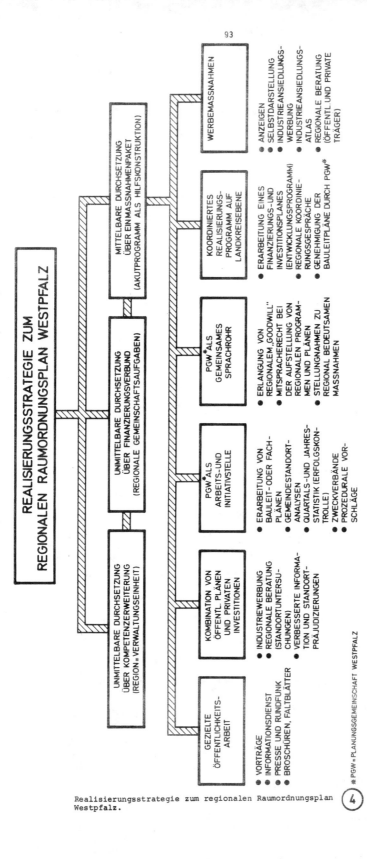

Realisierungsstrategie zum regionalen Raumordnungsplan Westpfalz.

führen aber zwangsläufig zu Verzichtgemeinden und Fördergemeinden. Und hier ist zwischenkommunaler Ausgleich notwendig. Jede Gemeinde, die zugunsten des größeren Ganzen bestimmte Aufgaben übernimmt, muß dafür entschädigt werden. Das heißt konkret: im Finanzausgleich sind spezielle Ergänzungsansätze entsprechend der zugedachten Funktion zu gewähren; beispielsweise: Funktionszuschläge für Fremdenverkehrsgemeinden, um die Realisierung dieses Zieles einzuleiten. Insbesondere aber müssen die räumlichen Entwicklungsvorstellungen mit den praktizierten Grundsätzen der Struktur- und Steuerpolitik harmonisiert werden (11).

Was die Realisierung regionaler Entwicklungsziele anbelangt, so bieten sich neben der unmittelbaren Durchsetzung über Kompetenzerweiterung oder Finanzierungsverbund vor allem mittelbare Maßnahmen an. Solange nämlich eine unmittelbare Durchsetzung regionalpolitischer Ziele versagt, muß auf Hilfskonstruktionen zurückgegriffen werden. BILD 4 informiert über die wichtigsten Maßnahmen, wie sie beispielsweise von der Planungsgemeinschaft Westpfalz praktiziert werden. In dieser Realisierungsstrategie finden sich jene Komponenten (Zeithorizont, Finanzierungshorizont, Steuerungsmechansimen) wie sie immer wieder für eine Entwicklungsplanung gefordert worden sind (12). Solange aber Planungsebene und Durchführungsebene auseinanderklaffen, solange sich der Stellenwert der Planung im Investitionsmechanismus nicht bessert, solange die Planungsgemeinschaften auf verwaltungsschwachen Füßen stehen, - solange werden Realisierungsstrategien mit unzulänglichen Mitteln und Methoden betrieben werden müssen und solange ist auch die Regionalplanung auf dem Weg zur Entwicklungsplanung.

LITERATURVERZEICHNIS

(1) Becker-Marx, K.: Regionalplanung im deutschen Südwesten. In: So planen und bauen. 1970/Heft 7/8.

(2) Fischer, Kl.: Der gemeinsame Flächennutzungsplan. In: Landkreis, 40. Jg., 1970, Heft 2. Planungsbeispiel: Gemeinsamer Flächennutzungsplan. In: Landkreis 40. Jg., 1970, H. 6.

(3) Gassner, E.: Kritische Betrachtungen zur Bauleitplanung und Bodenpolitik in Kleinstädten und Entwicklungsgemeinden. In: Zeitschrift für Vermessungswesen, 87. Jg., 1962, H. 12.

(4) Gassner, E.: Die städtebauliche Kalkulation. In: Stadtbauwelt 1966/Heft 11.

(5) Grabe, H.: Kommunale Entwicklungsanalyse und städtebauliche Kalkulation. Hrsg.: Institut für Städtebau, Siedlungswesen und Kulturtechnik der Universität Bonn. - Stuttgart 1970. Zugleich Schriftenreihe der Institute für Städtebau der Technischen Hochschulen und Universitäten, H. 6.

(6) Gassner, E.: Kommunalwirtschaftliche Gesichtspunkte beim Entwurf von Flächenwidmungsplänen. In: Raumplanungsseminare 1962, 1963, 1964. - Wien 1967. Zugleich Schriftenreihe des Instituts für Städtebau, Raumplanung und Raumordnung, Technische Hochschule Wien, Bd. 4.

(7) Fischer, Kl.: Die ländliche Nahbereichsplanung. Grundlagen, Methoden und Leitmodelle. - Hiltrup/Westf. 1969. Zugleich Schriftenreihe für Flurbereinigung, Heft 52.

(8) Fischer, Kl.: Öffentlichkeitsarbeit für die Regionalplanung. In: Mitteilungen des Instituts für Landeskunde und Raumordnung (im Erscheinen).

(9) Wurzer, R.: Aufstellung und Inhalt rechtswirksamer regionaler Entwicklungsprogramme. Versuch einer Methode. In: Raumforschung und Raumordnung, 22. Jg., 1964, H. 3/4.

(10)   Regionaler Prioritätenkatalog. Hrsg. Planungsgemein-
       schaft Westpfalz. Kaiserslautern 1972.

(11)   Fischer, Kl.: "Regional-, Nahbereichs-, Ortsplanung -
       Praktikable Instrumente der Landentwicklung?"
       Vortrag auf der AVA-Jahrestagung 1973 am
       16.3.1973 in Wiesbaden.

(12)   Raumplanung - Entwicklungsplanung. Forschungsberichte
       des Ausschusses "Recht und Verwaltung"
       der Akademie für Raumforschung und
       Landesplanung, Band 80. Hannover 1972.

Joachim Fritz

ZUR REGIONALPLANUNG IN ENTWICKLUNGSLÄNDERN

Im Rahmen dieser Ausführungen werden Aspekte angesprochen, die bei der Regionalplanung in Entwicklungsländern besondere Beachtung zu finden haben. Es sollen einige Fragenkomplexe aufgezeigt werden, die in Entwicklungsländern den regionalplanerischen Ansatz, Methode und Analyse beeinflussen oder bestimmen. Dabei fließen insbesondere Erfahrungen und Erkenntnisse ein, die der Verfasser während längerer planerischer Tätigkeit in Indonesien gewonnen hat.

Um die nachfolgenden Darlegungen in einen weiteren Bezugsrahmen zu stellen, sollen zunächst einige die Entwicklungsländer kennzeichnende, qualitative Merkmale genannt werden:

o die Dominanz traditioneller Gesellschafts- und Wirtschaftsorganisationen,

o das Bevölkerungsverhalten, das sich nur schwerlich an die Verhaltensnormen der Industriegesellschaft anzupassen vermag,

o der Überschuß an ungelernten Arbeitskräften,

o die unzureichende materielle und institutionelle Infrastrukturausstattung,

o das Vorherrschen der Landwirtschaft,

o der Export von Rohstoffen bzw. nur wenig bearbeiteter Güter und

o der Mangel an Kapital.

Obwohl diese Merkmale in ihrer generellen Aussage für
die meisten Entwicklungsländer zutreffen, so läßt sich
daraus jedoch nicht der Schluß ziehen, daß ein für diese
Länder allgemein gültiges Entwicklungsmodell existiert.
Zwar wird das Ziel, für die breite Masse ein höheres Einkommen und einen höheren Lebensstandard herbeizuführen,
in dieser verbalen Formulierung überall das gleiche sein;
die Wege dorthin können jedoch sehr unterschiedlich sein.
Diese werden bestimmt von der Ausprägung der zuvor
erwähnten Merkmale, der vorgegebenen Kombination der
Produktionsfaktoren sowie der sozialen und kulturellen
Ausgangssituation.

Die Verschiedenartigkeit der Entwicklungswege und Entwicklungsmodelle wird noch offensichtlicher, wenn man die
gesamtwirtschaftliche, nationale Ebene verläßt und sich
auf die Stufe der regionalen Einheit begibt, auf eine Ebene
also, auf der den staatlichen, halbstaatlichen und privaten
Institutionen genaue Entscheidungskriterien und Programme
an die Hand zu geben sind und wo verbal formulierte Entwicklungsmodelle umzusetzen sind in praktische Maßnahmen.

Die unabdingbare Forderung nach breit angelegter, detaillierter, regionaler und sektoraler Planung resultiert insbesondere aus den folgenden Zusammenhängen:

o Die qualitative Besetzung und Ausstattung der öffentlichen
  Institutionen auf regionaler und besonders auch auf lokaler Ebene ist zumeist unzureichend, so daß durch
  genau ausgearbeitete Maßnahmenkataloge die Gefahr der
  Fehlentscheidungen verringert werden kann.

o Die Flexibilität der einzelnen Wirtschaftssubjekte ist
  recht begrenzt, was zur Folge hat, daß Entwicklungshemmnisse, die sich aus Fehlentscheidungen öffentlicher

Institutionen ergeben, oft nur mangelhaft kompensiert werden können.

o Das Unternehmertum ist nur schwach ausgeprägt, so daß die öffentliche Hand zahlreiche planerisch vorzubereitende Aufgaben zu übernehmen hat, die andernfalls dem freien Spiel der Marktkräfte überlassen werden könnten. Dieser breite Aktionsraum der öffentlichen Institutionen resultiert auch aus der geringen Kaufkraft der Bevölkerung, die für das freie Unternehmertum in vielen Fällen keine gewinnträchtigenden Nachfragekapazitäten darstellen und der Nachfrage somit auf quasi sozialer Ebene entsprochen werden muß.

o Die Kräfteverhältnisse innerhalb der Gesellschafts-und Wirtschaftsstrukturen sind unausgeglichen, so daß ein freies Kräftespiel, ohne Korrektiv des Staates, eine weitere Verschärfung der sozio-ökonomischen Spannungen hervorrufen würde.

o Die Wirtschaft weist im allgemeinen wenig Eigendynamik auf, so daß die Maßnahmen der öffentlichen Hand über die Lenkung hinaus auch induzierend zu wirken haben.

o Die vorgesehenen Maßnahmen der staatlichen Institutionen sollten transparent und zeitlich abschätzbar sein, um damit vor allem den potentiellen Unternehmern die Möglichkeit zu geben, klare, längerfristige, innerbetriebliche Planungen vornehmen zu können. Dadurch kann eine Verminderung des Unternehmerrisikos bewirkt werden, was wiederum einen höheren Investitionsanreiz zur Folge hat.

o Die Produktionsfaktoren sind zum Teil nur unzureichend vorhanden, so daß ihr jeweiliger Einsatz besonders sorgfältig planerisch abzuwägen ist.

Der Forderung nach breit angelegter, detaillierter Planung, die sich aus diesen Beziehungen zwingend ergibt, steht andererseits die Unzulänglichkeit des statistischen und dokumentarischen Dienstes gegenüber. Das weitgehende Fehlen von Primär- und Sekundärdaten läßt, im Hinblick auf den notwendigerweise breiten Planungsansatz, die Planungsschwierigkeiten in diesen Ländern erkennen.

Obwohl die sozio-ökonomische Struktur der Entwicklungsländer im allgemeinen weniger komplex ist als in den Industrieländern, läßt sich aus den vorangegangenen Ausführungen erkennen, daß nur ein Team mit Vertretern aus den verschiedensten Fachbereichen eine sachgerechte, erfolgreiche Planung möglich macht. Nur so kann man auch die vielfältigen Randprobleme, die die Gefahr in sich bergen, zu Entwicklungsengpässen oder Hindernissen zu werden, erfassen und in den Planungen entsprechend berücksichtigen. Eine wichtige Komponente ist dabei der Mensch, dessen Verhaltensweisen und Reaktionen im Rahmen des Entwicklungsprozesses bei allen Ansätzen zu berücksichtigen sind. Die soziologische Fragestellung hat daher einen wichtigen Stellenwert.

Im Regionalplanungsteam sollten im allgemeinen die folgenden Fachbereiche vertreten sein:

    Landwirtschaft, Volkswirtschaft, Kulturbau, Städtebau
    und Regionalplanung, Forstwirtschaft und Soziologie.

Diese Zusammensetzung schließt nicht aus, daß darüber hinaus für Spezüalprobleme noch Nebengutachter hinzugezogen werden.

Nachfolgend werden einige Fragenkomplexe angesprochen, die speziell den Untersuchungsbereich "Städtebau und Regionalplanung" betreffen, den Fachbereich, der die Vorschläge, die in den Einzeluntersuchungen entwickelt werden, zu koordinieren und zu einem regionalen Leitmodell zu integrieren hat, an dem sich in der Folge alle Maßnahmen der öffentlichen Hand zu orientieren haben. Dieses regionale Leitmodell ist nicht einfach als Summe der verschiedenen Einzelvorschläge zu verstehen, sondern als ein gesamtwirtschaftliches, regionales Planungsmodell, das klare, sachliche und zeitliche Prioritäten setzt, um eine Optimierung der Regionalentwicklung zu erreichen.

Ebenso wie der Regionalplan in seiner Komposition auf eine optimale Entwicklung der Region abzielt, so gilt das gleiche für die Gesamtplanung auf nationaler Ebene. Dies macht es notwendig, daß die einzelne Region - je nach vorhandenen Produktionsfaktoren - bestimmte Funktionen und Prioritäten in der Gesamtentwicklung erhält. Da bei der Planerarbeitung auf nationaler Ebene zumeist detaillierte Bestandsaufnahmen und Analysen der Regionen fehlen, ist es oftmals nicht möglich, den Regionen qualitative und quantitative Aufgaben zuzuordnen. Bei der Erarbeitung der Regionalpläne ist die Ausgangsposition gleichermaßen die, daß es an genauen Daten und Analysen der übrigen Regionen fehlt. Es besteht somit die Gefahr, daß Pläne und Programme entwickelt werden, die die gesamtwirtschaftlichen Entwicklungsmöglichkeiten nicht optimal nutzen.

Insbesondere in den Entwicklungsländern hat der Planungsaufwand zum Nutzen, der aus der Planrealisierung zu erwarten ist, in einem vertretbaren Verhältnis zu stehen. Um dies zu erreichen, sind die Untersuchungen gezielt auf bestimmte Fragenkomplexe auszurichten, die sich erfahrungsgemäß als vielschichtige Problembereiche darstellen. Einige dieser Fragenkomplexe aus dem Bereich der "Infrastruktur", die ein wesentliches Aufgabengebiet des Städte- und Regionalplaners darstellt, sind die folgenden:

o Besteht eine Beziehung zwischen der Infrastrukturausstattung eines Gebietes und der Bevölkerungsmobilität (z. B. Landflucht)?

o Welche infrastrukturellen Maßnahmen beeinflussen die wirtschaftliche Entwicklung am wirkungsvollsten?

o Auf welches Nachfrage- und Bedarfsniveau sind die Kapazitäten der Infrastruktureinrichtungen auszurichten?

o Welche Bedeutung hat die soziale Infrastruktur im wirtschaftlichen Entwicklungsprozeß?

o Welches regionalplanerische Leitmodell läßt eine möglichst günstige Kapazitätsanpassung der Infrastruktureinrichtungen an das Bedarfsniveau des jeweiligen Entwicklungsstandes zu?

o Inwieweit üben **die** städtischen Zentren in einer Wirtschaft, die vornehmlich auf der Landwirtschaft basiert, unabdingbare Funktionen als Versorgungs-, Dienstleistungs- und Marktzentren aus?

o In welchem Maße entspricht das Ausbildungswesen dem Bedarf der Gesellschaft an Fachkräften der verschiedenen Aufgabenbereiche?

o Entspricht die Bevölkerungsverteilung der Verteilung der vorhandenen Wirtschaftspotentiale?

o Wieweit beeinflußt die vorhandene Kommunikationsstruktur die Konkurrenzfähigkeit der Region gegenüber anderen Wirtschaftsräumen?

Bei den Erhebungen sind diese Komplexe als Leitlinie für die Datenauswahl zugrunde zu legen. Je nach Problemstellung sind die Informationen durch Haushaltsbefragungen, Befragungen bei öffentlichen Institutionen und Privatunternehmen zu ermitteln. Nur so kann in hinreichendem Maße eine qualitative und quantitative Bestandsaufnahme erarbeitet werden, die eine detaillierte Analyse zuläßt.

Einige dieser Daten, die bei den Befragungen zu ermitteln sind und wiederum gezielt den Bereich des Städte- und Regionalplaners betreffen, sind:

bei den Haushaltsbefragungen:

Familienstruktur, Bildungsstand, ökonomische Grundlagen, Beruf, Benutzung öffentlicher Einrichtungen, Mobilität, Kommunikationsbeziehungen zu den städtischen Zentren, Wanderung (Emigration, Imigration);

bei den Unternehmensbefragungen:

Infrastrukturelle Versorgung, Qualität der Arbeitskräfte, Standortsituation in der Region und der Nation, Rohstoffversorgung, Unternehmensplanung;

bei den Befragungen öffentlicher Institutionen:

Vorhandene statistische Daten und Untersuchungen, administrative Strukturen, Entscheidungsstrukturen, Planungen, Investitions- und Betriebskosten öffentlicher Einrichtungen.

Diese Daten sind als integrierender Bestandteil der übrigen Untersuchungskomplexe anzusehen. Bei diesen anderen Bereichen geht es u.a. um Landnutzung, Betriebs- und Organisationsstruktur der landwirtschaftlichen und nichtlandwirtschaftlichen Unternehmen, Produktion, Vermarktung, Marktsituation, Beschäftigungsstruktur, Handel, Ex- und Import, Wirtschaftspotentiale.

Aufbauend auf diesem Datenkranz werden in Form des Regionalplanes und Programmes den öffentlichen und privaten Entscheidungsträgern Entscheidungshilfen und Maßnahmenkataloge an die Hand gegeben, um somit ein Optimum an Koordinaten, Kooperation und Effizienz zu erreichen.

Selbstverständlich wird es auch in diesen Ländern dem Planer nicht möglich sein, den politischen Gremien die eigentlichen Entscheidungen abzunehmen. Die in den Entwicklungsländern häufig zu fällende Prioritätsentscheidung zwischen wirtschaftlichen und sozialen Zielen erweist sich hierbei als besonders schwierig, da die sozialen Unterschiede in der Bevölkerung sehr groß sind und die Frage, was als existentielles Mindestversorgungsniveau angesehen werden muß, noch weitgehend offen ist.

Entscheidungen, die vom Planer kaum quantifizierend getroffen werden können und deshalb insbesondere in den Kompetenzbereich der politischen Gremien fallen, sind:

o die anzustrebende infrastrukturelle Mindestausstattung, vor allem im sozialen und schulischen Bereich,

o der Umfang der Sozialhilfemaßnahmen für stark zurückgebliebene Gebiete und Gesellschaftsgruppen und

o die Prioritätsfolge für die Sozialmaßnahmen.

Ein wichtiger Faktor für die Annahme der Regionalplanentwürfe durch die zuständigen Gremine ist eine klare, informative

Darstellung der Vorschläge in Text und Bild. Gerade in den Entwicklungsländern ist die fachliche Qualifikation der in den Entscheidungsgremien vertretenen Personen oftmals unzureichend, so daß insbesondere von daher eine verständliche Informationsbasis als Vorbereitung für eine rationale, sachgerechte Entscheidung geschaffen werden muß. Hinzu kommt, daß insbesondere in diesen Ländern die Maßnahmen ohne Verzug in Angriff genommen werden müssen, wofür als erster Schritt eine schnelle Entscheidung der politischen Gremine über die Planentwürfe notwendig ist, um diese dann zur Realisierung den zuständigen Verwaltungen und Institutionen an die Hand zu geben.

Um einen wirklich optimalen Entwicklungsprozeß zu erreichen, sollten die Regionalpläne mit ihren Programmen jeweils nur begrenzte Zeitspannen abdecken, um so nach einer gewissen Zeit Zwischenkontrollen einbauen zu können. Dabei können dann, je nach dem festzustellenden Erfolg oder Mißerfolg, die Programme modifiziert, völlig geändert oder eventuellen neuen Umständen angepaßt werden. Diese "Erfolgskontrollen" sind um so dringlicher, als der Mensch und die Gesellschaft in den Entwicklungsländern sich in einem rapiden sozialen und kulturellen Umwandlungsprozeß befinden, der die jeder Planung anhaftenden Imponderabilien noch wesentlich vermehrt.

Es ist dringend notwendig, bei den Entwicklungshilfevorhaben regionale, gesamtwirtschaftliche Pläne und Programme auszuarbeiten, die über wirtschaftliche Fakten hinaus gleichermaßen soziale und kulturelle Gegebenheiten in die Überlegungen einbeziehen. Nur so kann eine sektorale, regionale und nationale Koordination und Kooperation erzielt werden, die eine günstige Kosten-Nutzen-Relation versprechen. Die Maßnahmenkataloge können nicht an Hand der Summierung von Einzelprojektvorschlägen ermittelt werden, sondern müssen in einem integralen Ansatz erarbeitet werden.

LITERATURVERZEICHNIS

(1) Hesse, Kurt: Planungen in Entwicklungsländern. Berlin 1965.

(2) Kopp, F. O.: Entwicklungsplanung. In: Wissenschaftliche Beiträge zur Außen- und Entwicklungspolitik. Bonn 1964.

(3) United Nations Programme in Regional Development. An Introduction to Sub-National Planning. New York 1972.

(4) Hendrikson, K.; Reinecker, M.: Praktische Entwicklungspolitik. Düsseldorf 1971.

(5) Siebert, H.: Regional Science. In: Handwörterbuch der Raumforschung und Raumordnung. Hrsg.: Akademie für Raumforschung und Landesplanung. Hannover 1970.

(6) Pötzsch, R.: Stadtentwicklung und Flächennutzungsmodelle für Entwicklungsländer. In: Schriftenreihe zur Industrie- und Entwicklungspolitik, Bd. 9. Hrsg.: Voigt, Fritz. Berlin 1972.

(7) Hirschman, A. O.: Die Strategie der wirtschaftlichen Entwicklung. In: Ökonomische Studien, Bd. 13. Hrsg.: Schiller, K. Stuttgart 1967.

(8) Knall, B.: Die Rolle der Erziehung und Ausbildung im Wachstumsprozeß der Entwicklungsländer. In: Kruse - Rodenacker, A.: Grundfragen der Entwicklungsplanung. In: Schriften der Deutschen Stiftung für Entwicklungsländer, Bd. I. Berlin 1964.

(9) Evers, H.: Probleme der Regionalplanung in den Entwicklungsländern. Teil I. In: Forschungsberichte des Landes Nordrhein-Westfalen, Nr. 886. Köln und Opladen 1960.

(10) Higgens, B.: Sektorale und regionale Aspekte der Entwicklungsplanung. In: Kruse - Rodenacker, A. a. a. O.

Herbert Grabe

VORAUSSETZUNGEN, KOSTEN UND FINANZIERUNG
VON STÄDTEBAULICHEN ENTWICKLUNGSMASSNAHMEN

1. Allgemeine und spezielle Voraussetzungen
===

Städtebauliche Entwicklungsmaßnahmen, deren einheitliche Vorbereitung und zügige Durchführung im öffentlichen Interesse liegt, werden nach dem Städtebauförderungsgesetz vorbereitet, gefördert und durchgeführt. Voraussetzung für die Anerkennung einer Entwicklungsmaßnahme im Sinne des Städtebauförderungsgesetzes ist somit ein qualifiziertes öffentliches Interesse. Es kommen hierbei nur Maßnahmen in Betracht, die mit den Zielen der Raumordnung und Landesplanung übereinstimmen und durch die 1. neue Orte geschaffen oder 2. vorhandene Orte zu neuen Siedlungseinheiten entwickelt oder 3. vorhandene Orte um neue Ortsteile erweitert werden.

Die hier behandelte, von den kommunalen Gremien in Übereinstimmung mit dem zuständigen Innenministerium NW angestrebte Entwicklungsmaßnahme entspricht den Zielen der Raumordnung und Landesplanung. Nach dem Landesentwicklungsplan I des Landes Nordrhein-Westfalen gehört Meerbusch zur Ballungsrandzone zwischen den Ballungskernen Düsseldorf-Neuss und Krefeld. Nach dem Landesentwicklungsplan II ist die Stadt Entwicklungsschwerpunkt 2. Ordnung. Speziell geht es darum, vorhandene Orte zu einer neuen Siedlungseinheit zu entwickeln.

Im Sinne dieser Gesetzesvoraussetzung sollen vorhandene kleinere und größere Ortsteile städtebaulich zusammengeführt und zu einer neuen Siedlungseinheit entwickelt werden. Dies gilt vor allem für die in der Karte (BILD 1) gekennzeichneten

Flächen A und B, welche die Ortsteile Osterath und Strümp miteinander verbinden und an den nördlichen Teil Büderichs anbinden sollen. Dieser im Gesamtgebiet der - am 1. Januar 1970 aus sieben früher selbständigen Gemeinden gebildeten - Stadt zentral gelegene Siedlungsbereich soll alle öffentlichen Infrastruktureinrichtungen von zentralörtlicher Bedeutung (wie Schulzentren, Sporteinrichtungen, Krankenhaus, Stadtverwaltungs-, Jugendpflege-, Sozial- und Fürsorgeeinrichtungen) für die Gesamtstadt aufnehmen. Im Entwicklungsbereich soll darüber hinaus der größte Teil des künftigen, sich vor allem aus der unmittelbaren Nachbarschaft Düsseldorfs ergebenden Wohnungsbedarfs erfüllt werden. Damit die neu zu entwickelnde Siedlungseinheit nicht nur den Vorteil guter Freizeitmöglichkeiten in den angrenzenden Naherholungsgebieten bietet, soll neben der öffentlichen auch die private Infrastruktur mit Handel und Dienstleistungen gestärkt sowie insgesamt ein hoher Verflechtungsgrad von Wohnen und Arbeiten erreicht werden. Angestrebt ist, auf den Flächen A und B etwa 31.000 neue Einwohner mit Wohnungen zu versorgen und ca. 7.500 im tertiären sowie 2.300 Arbeitsplätze in sekundären Wirtschaftsbereich zu schaffen. Dazu kommen ca. 3.800 neue Arbeitsplätze in der als reines Gewerbegebiet vorgesehenen Fläche C.

Große Bedeutung für den öffentlichen Nahverkehr von und zum Entwicklungsbereich wird die Stadtbahn zwischen Düsseldorf und Krefeld haben. Diese z. Z. noch als überörtliche Straßenbahn betriebene Strecke soll nach dem Generalverkehrsplan NW im Rahmen der 2. Ausbaustufe zur Stadtbahn ausgebaut werden. Durch eine geringfügige Verlegung der Bahn im Entwicklungsbereich wird erreicht, daß die Trasse zentral durch das künftige Kerngebiet führt und damit durch günstige Gehwegeinzugsbereiche für Wohnen und tertiäre Arbeitsplätze optimale Standortvoraussetzungen schafft.

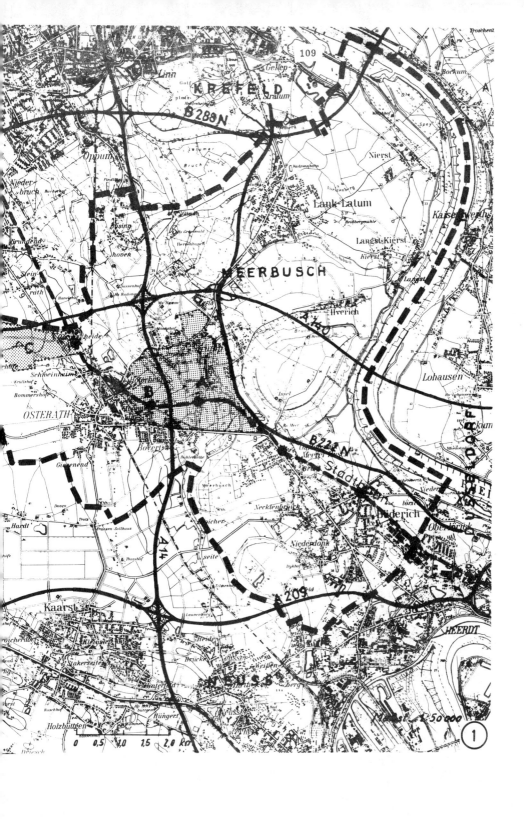

Es ist zu erwarten, daß der zuständige Landesverkehrsminister den zu verlegenden Bahnabschnitt vorzeitig im Zuge der Entwicklungsmaßnahme realisiert und damit heute allgemeingültigen städtebaulichen sowie verkehrspolitischen Zielsetzungen Rechnung trägt und entsprechend dem Ziel des Nordrhein-Westfalen-Programms 1975: "Konzentration und bevorzugte Förderung der Siedlungsentwicklung an S-Bahn- und Stadtbahnhaltepunkten" handelt.

Die Schwerpunkte für Wohnen, Versorgung und Arbeiten werden somit künftig entlang der Entwicklungsachse Stadtbahn untereinander und mit den benachbarten Großstädten optimal verbunden. Dies gilt auch für den Anschluß des reinen Gewerbegebietes (C).

Der angestrebte Entwicklungsbereich entspricht damit voll und ganz den im Städtebauförderungsgesetz (§ 1 Abs. 3 und 4) erklärten Grundvoraussetzungen. Neben dem sich in raumpolitischen Gesichtspunkten ausdrückenden öffentlichen Interesse als allgemeine Voraussetzung für eine Entwicklungsmaßnahme hat die für den Erlaß der notwendigen Rechtsverordnung zuständige Landesregierung weitere gesetzlich geforderte spezifische Voraussetzungen (§ 53) zu prüfen. Danach können Entwicklungsmaßnahmen nur festgelegt werden, wenn 1. die einheitliche Vorbereitung, Planung und Durchführung der Maßnahme der angestrebten Entwicklung des Landesgebietes und der Region entspricht; 2. das Wohl der Allgemeinheit die Durchführung der Maßnahme nach dem Städtebauförderungsgesetz erfordert; 3. eine zügige Durchführung der Maßnahme innerhalb eines absehbaren Zeitraumes gewährleistet ist und 4. die Bereitstellung der erforderlichen Mittel aus öffentlichen Haushalten erwartet werden kann.

Während die Punkte 1. bis 3. nur - eigentlich überflüssige - Wiederholungen aus § 1 Absatz 1 und 4 StBauFG bringen, fordert Ziffer 4. eine Kalkulation der voraussichtlichen Kosten der Entwicklungsmaßnahme und den Finanzierungsnachweis. Auch die Beachtung der Ziele der Landesentwicklung, das Wohl der Allgemeinheit wie auch die zügige Durchführung sind Forderungen, die im Zusammenhang mit den erforderlichen Mitteln aus bodenwirtschaftlicher Sicht wie auch durch Festlegung von Investitionsprioritäten zu sehen sind.

2. Städtebaulich-bodenwirtschaftliche Aspekte der Bereichsabgrenzung

Die Kostenschätzung der hier betrachteten Entwicklungsmaßnahme ist aufgebaut auf den derzeitigen Stand des Entwicklungs- und Flächennutzungsplanes mit der grundsätzlichen Zielsetzung für die Verteilung von Wohn- und Arbeitsgebieten sowie aus allgemeinen Bedarfsanalysen für Gemeinbedarfsansprüche und Erschließungserfordernisse. Die differenzierten Flächennutzungen des insgesamt 556 ha großen Entwicklungsbereichs sind in BILD 2 dargestellt. Die Erschließungsanteile entsprechen allgemeinen Regelwerten und dem angestrebten städtebaulichen Inhalt dieses neu zu entwickelnden Siedlungsbereiches. Der hohe Anteil des tertiären Baulandes für Gemeinbedarf und private Versorgungs- und Dienstleistungseinrichtungen läßt den zentralörtlichen Stellenwert des neuen Siedlungsbereichs innerhalb der Gesamtstadt erkennen. Am Ende bleiben so nur 141 ha an Nettowohnbauland und 89 ha für Gewerbebauland, vor allem in der Teilfläche C (74 ha), übrig.

In der Gemeinde waren zunächst Vorstellungen vorhanden, den angestrebten Entwicklungsbereich auf eine Teilfläche innerhalb des Gebietes A zu beschränken, vor allem auf die Flächen, die für die öffentliche und private Infrastruktur der Gesamtstadt benötigt werden. Es zeigte sich jedoch sehr schnell, daß Entwicklungsmaßnahmen, bei denen die allgemeinen städtebaulichen und bodenwirtschaftlichen Zielsetzungen des Städtebauförderungsgesetzes (Wohl der Allgemeinheit; bauliche Struktur nach den sozialen, hygienischen, wirtschaftlichen und kulturellen Erfordernissen entwickeln; Wirtschaftsstruktur verbessern; gesunde Lebens- und Arbeitsbedingungen für die Bevölkerung schaffen) tatsächlich Priorität haben sollen, hinreichend groß sein müssen, um diese Ziele überhaupt zu erreichen. Diese Grunderfordernisse, die auf eine Maximierung der Fläche hindeuten, werden jedoch limitiert durch die gesetzliche Forderung nach zügiger Durchführung der Entwicklungsmaßnahme innerhalb eines absehbaren Zeitraumes (§ 53 Abs. 1 und auch § 1 Abs. 1 StBauFG).

Bodenwirtschaftlich betrachtet sollten die Entwicklungsbereiche jedoch all die Gebiete umfassen, die nach der fixierten Planung oder auch nur nach eindeutig erkennbaren Planungsabsichten bzw. -zwängen innerhalb eines absehbaren Zeitraumes tatsächlich städtebaulich entwickelt werden sollen. Ist dies nicht der Fall, erhält die Spekulation an den Rändern des Entwicklungsbereichs ein risikofreies "Jagdgebiet". Innerhalb des Entwicklungsbereichs unterliegen die Bodenpreise den Einschränkungen des § 23 mit der Wirkung eines begrenzten Preisstops, außerhalb würden sie explodieren.

Im vorliegenden Fall stellt die Bereichsabgrenzung (BILD 1) und die Differenzierung der Nutzungen (BILD 2) einen vernünftigen Kompromiß zwischen den genannten städtebaulichen Grundzielen und dem geforderten absehbaren Zeitraum für die Durch-

Flächenaufteilung im Entwicklungsbereich

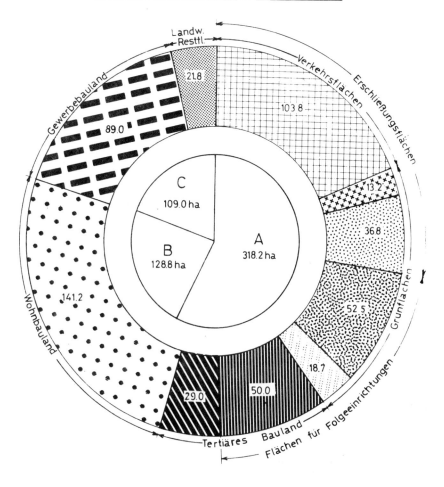

 Verkehrsfläche
Schutzgrün (Jmmissionsschutzfläche)
Erschließungsgrün
Spiel- und Sportflächen

 Gemeinbedarfsbauland
 Bauland für Handel und Dienstleistungen
 Landwirtschaftliche Restfläche
 Stadtwald (Park)

führung der Entwicklungsmaßnahme dar. Nur durch die genügende Größe des Entwicklungsbereichs bleiben ausreichend privatisierungsfähige Flächen übrig, die außerordentlich bedeutsam für die Finanzierung der Gesamtmaßnahme sind.

Unter dem Schutz des § 23 StBauFG wird es möglich sein, den gesamten Grunderwerb der nicht bebauten und der für einzelne Erschließungsmaßnahmen unbedingt erforderlichen bebauten Grundstücke für insgesamt 69 Mio.DM durchzuführen. Die Veräußerung der privatisierungsfähigen Flächen "zu dem Verkehrswert, der sich durch die rechtliche und tatsächliche Neuordnung des Entwicklungsbereichs" (§ 59 Abs. 5 StBauFG) ergibt, wird bei vorsichtiger Schätzung einen Erlös von 198 Mio.DM bringen. Dabei ist das Gewerbebauland nur mit einem Wirtschaftsförderungspreis von 35,- DM/qm für beitragsfreie Baugrundstücke angesetzt. Die Ausgleichsbeträge nach § 54 Abs. 3 StBauFG für die nicht erworbenen Altgrundstücke werden auf insgesamt 9,3 Mio.DM geschätzt. Die Differenz zwischen Erlösen und Grunderwerbskosten in Höhe von 129 Mio.DM bildet den entscheidenden Grundstock für die Realisierung der Maßnahme.

3. Kosten und Finanzierung

Die Forderung nach einer städtebaulichen Kalkulation - über den gesetzlich vorgeschriebenen Nachweis der Bereitstellung der erforderlichen Mittel in öffentlichen Haushalten - wird für einen Zeitpunkt erhoben, in dem in der Regel exakte Kostendaten noch nicht erbracht werden können, denn die Rechtsverordnung setzt keine detaillierte städtebauliche Planung,

TABELLE 1: Erschließungskosten ohne Grunderwerb (Mio.DM)

Gebiet	A	B	C	Gesamt
Äußere Erschließung				
Stadtbahn, Teilabschnitt Zentrum in Niveaulage	25,2	-	-	25,2
(davon Teilausbau für Straßenbahnbetrieb)	(10,8)	-	-	(10,8)
Straßenbrücken über Stadtbahn mit Busplatte als Stadtbahnfolgekosten	10,0	-	-	10,0
Stadtbahnkosten insgesamt	35,2	-	-	35,2
(davon Stadt)	(2,0)	-	-	(2,0)
Kläranlagenanteil	9,1	3,2	1,2	13,5
(davon Zuschüsse MELF)	(5,5)	(1,9)	(0,7)	(8,1)
Äußere Erschließung ohne Städtebauförderungsmittel	44,3	3,2	1,2	48,7
in DM/qm Nettobauland	27,10	4,50	1,60	15,70
Transportkanäle, Rückhaltebecken	5,2	2,8	6,3	14,3
Wasserbeschaffung u. Transportleitungen	5,0	1,8	0,7	7,5
Verlegung einer 220 kV-Hochspannungsleitung	3,0	-	-	3,0
Hauptverbindungsstraßen mit Bauwerken und Zubringerstraßen	2,0	8,0	13,0	23,0
Äußere Erschließung mit Städtebauförderungsmitteln	15,2	12,6	20,0	47,8
in DM/qm Nettobauland	9,30	17,60	27,00	15,50
Äußere Erschließung insgesamt	59,5	15,8	21,2	96,5
in DM/qm Nettobauland	36,50	22,10	28,60	31,30
Innere Erschließung[+]				
Anteil für Gemeinbedarfsbauland	13,0	4,5	-	17,5
Anteil für privatisierungsfähiges Nettobauland	55,0	19,5	22,2	96,7
Anteil für ausgleichspflichtiges Nettobauland	8,0	6,8	-	14,8
Innere Erschließung insgesamt	76,0	30,8	22,2	129,0
in DM/qm Nettobauland	46,50	43,00	30,00	41,70
Erschließungsgesamtaufwand	135,5	46,6	43,4	225,5
in DM/qm Nettobauland	83,00	65,10	58,60	73,00
Erschließungsgesamtaufwand mit Städtebauförderungsmitteln	91,2	43,4	42,2	176,8

[+] Angegeben sind nur die Kosten, für welche die Stadt Kostenträger ist. Alle Kosten sonstiger Erschließungsträger - wie Post, RWE, Fernwärmeunternehmen etc. - sind nicht eingeschlossen. Als Kostenansatz wurden angesetzt: für Gewerbebauland 30,- DM/qm Nettobauland, für Gemeinbedarfsbauland 35,- DM/qm, für das sonstige Bauland wegen der starken Verdichtung 50,- DM/qm.

TABELLE 2: Kosten der Folgeeinrichtungen ohne Grunderwerb (Mio.DM)

Gebiet	A	B	C	Gesamt	davon Zuschüsse
Kommunale Folgeeinrichtungen, Grundausstattung					
Kindergärten und Kindertagesstätten 1)	5,3	2,3	-	7,6	5,6
Grundschulen 2)	16,8	5,5	-	22,3	11,1
Spielplätze 3)	1,7	0,4	-	2,1	0,6
Teilsumme der Folgeeinrichtungen, Grundausstattung	23,8	8,2	-	32,0	17,3
Kommunale Folgeeinrichtungen, zentrale Ausstattung					
Schulzentren 4)	43,0	32,0	-	75,0	37,5
Sporteinrichtungen (Hallenbad, Freibad, Sportplatz)	13,0	1,0	-	14,0	5,6
Stadtverwaltungseinrichtungen	30,0	-	-	30,0	12,5
Sonstige Jugendpflege-, Sozial- u. Fürsorgeeinrichtungen	8,0	2,0	-	10,0	4,0
Teilsumme Folgeeinrichtungen, zentrale Ausstattung	94,0	35,0		129,0	59,6
Kommunale Folgeeinrichtungen 5) insgesamt	117,8	43,2	-	161,0	76,9
davon Zuschüsse					
- Innenminister	12,5	-	-	12,5	
- Kultusminister	35,1	19,1	-	54,2	
- Minister für Arbeit, Gesundheit und Soziales	7,6	2,6	-	10,2	
Eigenanteil Stadt	62,6	21,5	-	84,1	

1) Gebiet A mit 27 Gruppen, B mit 12 Gruppen. Kostenansatz 170.000 DM je Gruppe.

2) Im Gebiet A 12 neue Züge, B 4 Züge. Kostenansatz 350.000 DM je Klasse (veredelter Klassenraum).

3) 2,0 qm je Einwohner mit 30,- DM/qm = 60,- DM je Einwohner.

4) Gebiet A 12 Züge, B 8 Züge in der Sekundarstufe I, jeweils 8 Züge in der Sekundarstufe II. Kostenansatz 450.000,- DM je Klasse (veredelter Klassenraum einschl. aller Nebenräume, Außenanlagen etc.).

5) Erfaßt sind nur die kommunalen Folgeeinrichtungen, nicht die sonstigen öffentlichen Einrichtungen anderer Träger, wie Krankenhaus, Gesundheitsamt etc. und Einrichtungen der Stadt, die erst in einem späteren Zeitpunkt errichtet werden können.

sondern nur die Prüfung der allgemeinen Ziele der Landesentwicklung voraus. Bis auf Sonderfälle wird es somit notwendig sein, an Hand von repräsentativen Kostendaten und Richtwerten zu arbeiten. Frühere Forderungen des Verfassers nach allgemein verwertbarem städtebaulichen Kalkulationsmaterial - ähnlich bekannten Gebäudebewertungshandbüchern - werden so erhärtet.

Die Erschließungskosten machen nach einer ersten Kostenschätzung (TABELLE 1) insgesamt 225,5 Mio.DM aus. Hiervon entfallen 129 Mio DM auf die Erschließung innerhalb des Baubereichs, wobei allerdings der Aufwand nur insoweit erfaßt ist, als die Stadt Kostenträger ist. Alle Kosten sonstiger Träger, wie z.B. Post, Strom etc. sind nicht eingeschlossen. Die Kosten für die äußere Erschließung (insgesamt 96 Mio.DM) müssen getrennt werden nach den Aufwendungen, die im Sinne der Städtebauförderungsrichtlinien NW (RdErl. des Innenministers vom 23.3.1971) Städtebaukosten sind, insoweit auch in die Finanzierung aus Städtebauförderungsmitteln eingehen (47,8 Mio.DM) und in die ohne solche Förderungsmittel zu finanzierende äußere Erschließung (hier Stadtbahn und Kläranlagenanteil) mit zusammen 48,7 Mio.DM. Die letztgenannten Aufwendungen belasten die Stadt allerdings, relativ zur Gesamtmaßnahme gesehen, nur gering mit einem Kostenanteil von 2,0 Mio.DM für den Verlegungsbereich der Stadtbahn und mit 5,4 Mio.DM für den Kläranlagenanteil.

Neben den städtebaulichen Planungskosten einschließlich Gutachterverfahren oder Wettbewerb sind auch die Leistungen an den Entwicklungsträger und Aufwendungen für Sonderfachleute förderungsfähige Städtebaukosten (1,8 Mio.DM).

Die entscheidenden Belastungen durch die Entwicklungsmaßnahme entstehen der Stadt durch den Aufwand für die Folgeeinrichtungen (TABELLE 2). Für Kindergärten, Kindertagesstätten, Grundschulen und Spielplätze (Folgeeinrichtungen, Grundausstattung) müssen insgesamt 32 Mio.DM aufgebracht werden. Dieser Kostenaufwand ist für jeden neuen Baubereich unmittelbar in diesen integriert notwendig. Relativ gesehen sind hierfür gut 1.000 DM je Neueinwohner notwendig. Für Schulzentren mit den Sekundarstufen I und II, für Sporteinrichtungen, Stadtverwaltungs-, Jugendpflege-, Sozial- und Fürsorgeeinrichtungen (Folgeeinrichtungen, zentrale Ausstattung) sind insgesamt 129 Mio.DM oder ca. 4.300 DM/ Einwohner zu investieren.

Die Folgeeinrichtungen insgesamt erfordern einen Finanzaufwand von 161 Mio.DM (5.300 DM/Neueinwohner). Werden die üblichen Zuschüsse aus Mitteln des Kultus-, Innen- und Sozialministers (insgesamt 76,9 Mio.DM) abgesetzt, verbleiben 84,1 Mio.DM, die von der Stadt aus ordentlichen Eigenmitteln oder über den Kapitalmarkt aufgebracht werden müssen.

TABELLE 3: Städtebaulich-bodenwirtschaftliche Gesamtbilanz
- Grundlage Städtebauförderungsgesetz -
- Statische Betrachtungsweise -

Gebiet	A	B	C	Gesamt
Grunderwerb	42,9	16,2	9,9	69,0
Planung, Träger, Vermessung, Bodenordnung, Sondergutachten	11,0	4,0	3,0	18,0
Äußere Erschließung (mit Städtebauförderung)	15,2	12,6	20,0	47,8
Innere Erschließung	76,0	30,8	22,2	129,0
Entwicklungsmaßnahmen mit Städtebauförderung nach Richtlinien NW	145,1	63,6	55,1	263,8
Verkaufserlöse und Ausgleichsbeträge	136,5	45,0	25,8	207,3
Unrentierliche Entwicklungskosten (NW)	8,6	18,6	29,3	56,5
- davon Städtebauförderungsmittel	6,4	14,0	22,0	42,4
- davon Stadtanteil	2,2	4,6	7,3	14,1
Sonstige äußere Erschließung ohne Städtebauförderung (Stadtbahn, Kläranlage)	44,3	3,2	1,2	48,7
- davon Land	38,7	1,9	0,7	41,3
- davon Stadtanteil	5,6	1,3	0,5	7,4
Kommunale Folgeeinrichtungen	117,8	43,2	-	161,0
- davon Landeszuschüsse	55,2	21,7	-	76,9
- davon Stadtanteil	62,6	21,5	-	84,1
Aufschließung insgesamt	307,2	110,0	56,3	473,5
- davon Städtebauförderungsmittel	6,4	14,0	22,0	42,4
- davon Zuschüsse	93,9	23,6	0,7	118,2
- davon Stadtanteil	70,4	27,4	7,8	105,6
- Erlöse	136,5	45,0	25,8	207,3

4. Städtebauförderung und Finanzierung

Die städtebaulich-bodenwirtschaftliche Gesamtbilanz (TABELLE 3) weist insgesamt 263,8 Mio.DM Kosten für die Entwicklungsaufwendungen aus, deren dauernd unrentierliche Kosten zu 75 % mit Städtebauförderungsmitteln bezuschußt werden. Nach Abzug der Verkaufserlöse und Ausgleichsbeträge verbleiben bei statischer Betrachtungsweise nur 56,5 Mio.DM zuschußfähige unrentierliche Entwicklungskosten, die mit 42,4 Mio.DM zu Lasten des Landes und mit 14,1 Mio.DM zu Lasten der Stadt gehen.

Hinzu kommen bei dieser Kostenstelle die Finanzaufwendungen bei Dynamisierung der erforderlichen Investitions- und Finanzierungsmittel. Der Schwerpunkt der Investitionen liegt hierbei ganz eindeutig im ersten Zeitdrittel der bis 1986 abzuschließenden Maßnahme. Je nach dem Zeitpunkt der Bereitstellung der Städtebauförderungsmittel des Landes und des Bundes entsprechend den erforderlichen Investitionen im ersten Zeitdrittel - volkswirtschaftlich richtiger schwerpunktmäßiger Mitteleinsatz - oder bei gleichmäßiger Verteilung dieser öffentlichen Gelder über die gesamte Verfahrenszeit - Gießkannenprinzip - wird der Finanzaufwand für die Städtebaukosten im Sinne der Richtlinien NW zwischen 20 und 50 Mio.DM betragen. Massiver Einsatz der Städtebauförderungsmittel gleich zu Beginn der Maßnahme ist also notwendig; nur hiermit wird auch die vom Gesetz geforderte zügige Durchführung gesichert.

Ein anschaulicher Überblick über die Gesamtaufwendungen für die Entwicklungsmaßnahme (BILD 3) zeigt, daß von 473,5 Mio.DM öffentlichen Aufschließungskosten bei statischer Betrachtungsweise 42,4 Mio.auf Städtebauförderungsmittel,

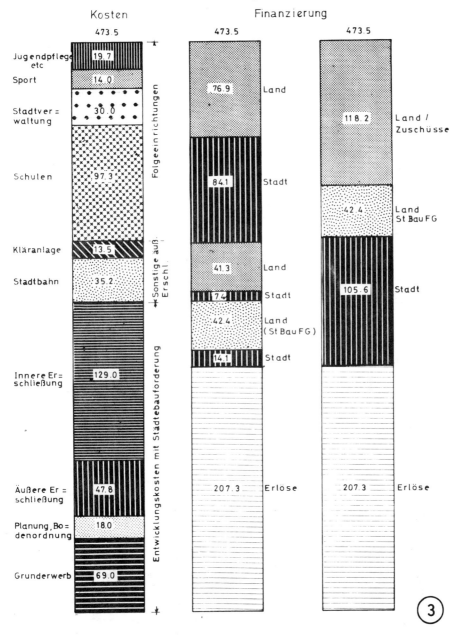

118,2 Mio.DM auf Zuschüsse bzw. auf die Baumaßnahme des Landes (Stadtbahn) entfallen, 207,3 Mio.DM aus Grundstücksveräußerungserlösen und Ausgleichsbeträgen finanziert werden können und 105,6 Mio.DM von der Stadt insgesamt für alle Entwicklungsmaßnahmen einschließlich Folgeeinrichtungen aufgebracht werden müssen.

Dieser von der Stadt aufzubringende Betrag, zu dem der 25 %-Anteil am Finanzaufwand hinzu kommt, hätte sich noch entscheidend erhöht, wenn sich Vorstellungen aus dem Innenministerium durchgesetzt hätten, nach denen das aus der Neuordnung auszuscheidende Gemeinbedarfsbauland mit seinem dann vorhandenen Verkehrswert der Stadt zu belasten wäre. Das hätte bedeutet, daß die Städtebauförderungsmittel um ca. 50 Mio.DM entlastet, die Stadt mit demselben Betrag zusätzlich belastet worden wäre. Damit wäre die Durchführung der Entwicklungsmaßnahme aus finanziellen Gründen praktisch undurchführbar geworden. Inzwischen wurde jedoch anerkannt, daß eine solche Auslegung der Landesförderungsrichtlinien dem Sinn des § 58, dem Inhalt des § 59 und dem Gesamtziel des Städtebauförderungsgesetzes widersprechen würde.

Aber auch eine Belastung der Stadt mit 105,6 Mio.DM wird nicht aus der Finanzkraft von 51.000 vorhandenen Einwohnern, sondern nur mit Hilfe der Finanzkraft von am Ende der Entwicklungsmaßnahme vorhandenen ca. 85.000 Einwohnern finanzierbar sein. Das bedeutet, daß der Anteil an den unrentierlichen Städtebaukosten (im Sinne der Richtlinien NW) den Städten erst am Ende der Maßnahme in Rechnung gestellt werden sollte und § 39 Abs. 5 Städtebauförderungsgesetz großzügig angewendet werden muß. Danach können zins- und tilgungsfreie Entwicklungsförderungsmittel als Vorauszahlung gegeben werden unter dem Vorbehalt einer späteren Bestimmung, ob sie als Zuschuß oder Darlehen gewährt werden oder zurückzuzahlen sind.

Es wurde bereits deutlich gemacht, daß die Landesrichtlinien NW die Aufwendungen für die Folgeeinrichtungen nicht mit in die Städtebaukosten im Sinne der Städtebauförderung einbeziehen. Die Städtebauförderungsrichtlinien gelten hierbei ohne Unterschied für Sanierungs- und Entwicklungsmaßnahmen. In bezug auf die Investitionen für Folgeeinrichtungen ist jedoch ein erheblicher Unterschied zwischen Sanierungs- und Entwicklungsmaßnahmen vorhanden.

Im ersten Fall sollen städtebauliche Mißstände beseitigt, die Funktionsfähigkeit eines Gebietes verbessert, global betrachtet also eine vorhandene Bevölkerung menschenwürdig untergebracht werden. Für die Folgeeinrichtungen entsteht im Grundsatz kein Neubedarf, höchstens Nachhol- oder Ersatzbedarf. Bei Entwicklungsmaßnahmen jedoch geht es darum, für eine neue Bevölkerung neue, zusätzlich erforderlich werdende Folgeeinrichtungen zu schaffen.

Dieser einfache Vergleich macht deutlich, daß die Gemeinden in bezug auf die Folgeeinrichtungen in gewaltigem Ausmaß unterschiedlich belastet werden. Um bei Entwicklungsmaßnahmen das vor allem in § 1 Abs. 4 StBauFG abgesteckte städtebauliche Ziel zu erreichen und um nicht Gefahr zu laufen, bei Entwicklungsmaßnahmen in bezug auf die Versorgung der Neueinwohner mit öffentlicher Infrastruktur "städtebauliche Rohbauten" zu bekommen, erscheint es notwendig, bei solchen Maßnahmen die Folgeeinrichtungen mit in die allgemein förderungsfähigen Städtebaukosten hineinzunehmen. Dies muß zumindest für aus der Maßnahme heraus unmittelbar erforderlich werdende Folgeeinrichtungen gelten.

Nicht umsonst macht das Städtebauförderungsgesetz hierzu einen bedeutsamen Unterschied zwischen § 58, wonach die Bewilligungsstelle bei Entwicklungsmaßnahmen uneingeschränkt Folgeeinrichtungen, und § 39 Abs. 1, wonach bei Sanierungen diese Einrichtungen nur dann mit in die Förderung aufgenommen werden können, wenn sonst der Sanierungszweck nicht erreicht werden könnte. Es ist zu fordern, daß diesem entscheidenden Unterschied auch die Förderungsrichtlinien NW in Zukunft Rechnung tragen werden. Im vorliegenden Fall würde dies bedeuten, daß sich die Eigenmittel der Stadt für Folgeeinrichtungen auf die Hälfte des jetzigen Standes senken, die Entlastung somit ca. 42 Mio.DM ausmachen würde.

Mit Hilfe der Städtebauförderungsmittel sollte daneben in jedem Fall dafür gesorgt werden, daß notwendige Folgeeinrichtungen so rechtzeitig gebaut werden, daß sie im Zeitpunkt des Bedarfs bereits vorhanden sind und nicht, wie z. Z. zum Beispiel bei den Schulen, erst begonnen werden können. Das Gesetz bietet in großzügiger Weise für solche Möglichkeiten ausreichend Spielraum; es wäre zu wünschen, daß die Richtlinien der Ministerialbürokratie diesen Spielraum nutzen und nicht beschneiden.

Manfred Hofstädter

KRITERIEN ZUR ZIELGRÖSSENBESTIMMUNG BEI SIEDLUNGSEINHEITEN IN RANDZONEN VON VERDICHTUNGSGEBIETEN

Konnte man bislang noch häufig die These von der "Stadtsucht" der Menschen vernehmen, so muß man nun angesichts jüngerer Bevölkerungsbewegungen eher eine "Stadtflucht" diagnostizieren. Die Ergebnisse der Volkszählung von 1970 zeigten nämlich, daß die Dynamik der Entwicklung in den Randzonen von Verdichtungsgebieten in der Regel am stärksten ist.

In Nordrhein-Westfalen z.B. nahm von 1961 bis 1970 die Bevölkerung um rd. 6,3 % zu. Regionalisiert nach den Gebietskategorien gemäß Landesentwicklungsplan I ist dabei jedoch eine Stagnation bzw. geringe Abnahme (- 1,0 %) in den Ballungskernen zu erkennen. Dem steht eine Zunahme von rd. 17,3 % in den Ballungsrandzonen und sogar noch von 11,5 % in den ländlichen Zonen gegenüber (1). Auch die Veränderungen in der Art der Flächennutzung belegen diese Entwicklung. Während nämlich die Siedlungsflächen in den Ballungskernen lediglich um 10,8 % vergrößert wurden, belief sich der Zuwachs in den Randzonen immerhin auf 17,4 % und in den ländlichen Zonen sogar noch auf 14,1 % (1). Bedenkt man ferner, daß sich wahrscheinlich die Zunahmen in den letztgenannten Gebieten vorwiegend auf die den Ballungsrandzonen benachbarten ländlichen Zonen beschränken, dann verdeutlichen diese Wachstumsquoten wohl ganz besonders die intensive Siedlungstätigkeit außerhalb der Ballungskerne.

Besonders stark war die Bevölkerungszunahme auch in den Ballungsrandzonen um Bonn. Wie die Darstellung in BILD 1 zeigt, weisen hier selbst weiter entfernt gelegene Gemeinden auch jenseits der Landesgrenze noch beachtliche Wachstumsraten auf.

Zur Analyse dieser Entwicklung gilt es zunächst festzustellen, wo diese Zuwanderer zuvor gewohnt hatten. Eine für die südlich von Bonn gelegene Gemeinde Remagen durchgeführte Untersuchung (3) ergab, daß rd. 20 % von ihnen aus dem Ballungskern selbst zugezogen waren. Etwa die gleiche Anzahl hatte in Gemeinden der engeren Umgebung gewohnt. Verhältnismäßig groß ist auch der Anteil derjenigen Zuwanderer, die zuvor in weiter entfernt gelegenen Städten und Gemeinden oder im Ausland gelebt hatten.

Zum Wachstum der Städte und Gemeinden in den Randzonen tragen also die direkt aus der Stadt "verdrängten" Personen wesentlich bei. Nicht unerheblich ist aber auch die Zahl der bislang weiter entfernt wohnenden Zuwanderer, die zwar ihren Arbeitsplatz im Ballungskern haben, die sich aber hier nicht wohnlich niederlassen, sondern von vornherein eine Wohnung in der Ballungsrandzone beziehen.

Diese Entwicklung ist sichtbares Ergebnis des in den Ballungskernen fortschreitenden Umstrukturierungsprozesses. Denn in den Kernbereichen führt die starke Nachfrage nach Wohnflächen durch gewerbliche Mieter, d.h. also Umwandlung von Wohnflächen in Büroflächen, zu einer Verknappung des Wohnungsangebotes und zu Preissteigerungen. Dieser Trend wird außerdem auch noch dadurch gefördert, daß für Büroflächen u.ä. wesentlich höhere Mieten gezahlt werden als für Wohnflächen. Auch auf Grund der durch Zuwanderer bedingten hohen Wohnungsnachfrage in den Kernbereichen steigen wegen des gleichzeitig geringen Wohnungsangebots die Mietpreise. Sie lagen z.B. in Bonn bereits im Jahre 1968 um ca. 19 % über dem Landesdurchschnitt von Nordrhein-Westfalen. Eine Änderung dieser

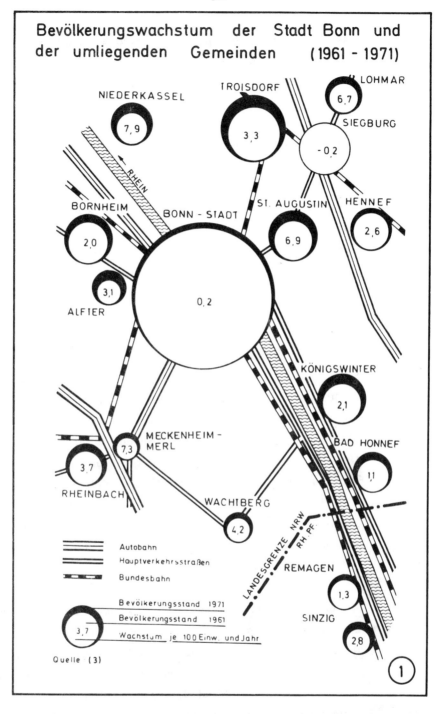

Entwicklung ist in absehbarer Zeit kaum zu erwarten. Auch in Zukunft werden daher die Menschen mehr und mehr in den Randzonen siedeln.

Aber auch der Wunsch nach Eigentumsbildung im Wohnungsbau veranlaßt viele Einwohner aus der Stadt mit ihren nur geringen Umweltqualitäten hinaus in die Randzone zu ziehen bzw. viele Zuwanderer lassen sich von vornherein hier nieder, weil meist nur noch in den Randzonen relativ niedrige Baulandkosten zu erwarten sind. So werden oft selbst lange Fahrzeiten zwischen Wohnungen und Arbeitsstätten in Kauf genommen, wenn die Möglichkeit besteht, in landschaftlich und klimatisch anziehender Umgebung preisgünstig zu mieten oder Haus- bzw. Wohnungseigentum zu erwerben.

Die Gemeinden in den Randzonen sind also einem ständigen Siedlungsdruck ausgesetzt. Her wird ein Baulandangebot daher von Siedlungswilligen schnell aufgegriffen. So zeigt z.B. die Darstellung in BILD 2 die Geburten- und Wanderungsbilanzen von zwei kleineren nur rd. 3 km voneinander entfernt gelegenen Dörfern in der Randzone von Bonn, wobei in dem einen (Ödingen) ein günstiges Baulandangebot erfolgte. Sofort nehmen hier die Wanderungsgewinne stark zu. In dem anderen Dorf dagegen erfolgte kein nennenswertes Baulandangebot. Hier sind die Wanderungsbilanzen einzelner Jahre sogar negativ.

Allein schon wegen des großen Umfanges aber auch wegen der als Wachstumselement nur noch wenig einflußreichen sog. natürlichen Bevölkerungsbewegung kommt den Wanderungen als Entwicklungskomponente eine besondere Bedeutung zu. Denn neben Chancen, die dieser Trend für einen gezielten Ausbau leistungsfähiger Siedlungsschwerpunkte bietet, birgt er doch - bei Baulandangeboten am falschen Ort - die Gefahr der Zersiedlung mit ihren negativen Folgen in sich. So verfügen z.B. von den

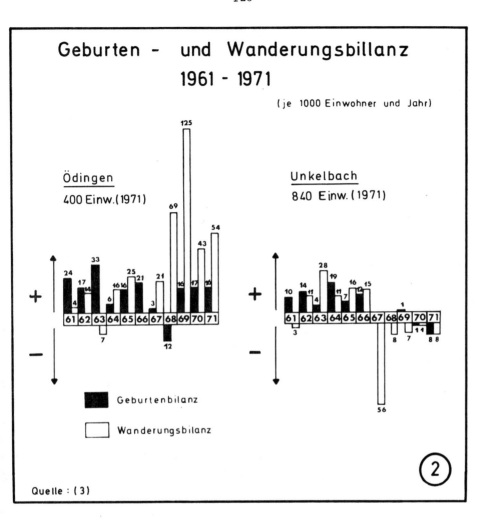

in BILD 1 aufgeführten Gemeinden viele zwar über eine Gesamteinwohnerzahl, die eigentlich eine ausreichende Infrastrukturausstattung ermöglicht, meist jedoch verteilen sich diese Einwohner auf mehrere - bis zur Verwaltungsreform noch selbständige - Siedlungsbereiche z.T. recht unterschiedlicher Größe.

Will man bezüglich der zukünftigen Entwicklung Fehlentscheidungen vermeiden, so muß vor einer weiteren Ansiedlung von Einwohnern in den jeweiligen Siedlungsbereichen zunächst neben Fragen der Verkehrsanbindung, der Klimaverhältnisse, der Wasserwirtschaft, bezüglich einer anderen Zweckbestimmung des Gebietes z. B. für die Naherholung, der Ver- und Entsorgung usw. vor allem auch die Frage nach der Zielgröße untersucht werden. Es gilt also festzustellen, wieviele Einwohner in etwa zur Grundausstattung oder zur gehobeneren Ausstattung mit öffentlichen und privaten Folgeeinrichtungen erforderlich sind und ob es unter diesem Aspekt sinnvoll ist, diese oder jene Siedlungseinheit weiter wachsen zu lassen, oder ob durch ein Mehr an Einwohnern weniger eine Verbesserung in der Versorgung erzielt als vielmehr der Zersiedlung Vorschub geleistet wird.

Bei der Frage nach der Tragfähigkeit von Versorgungseinrichtungen sind z. B. bei den Einzelhandelsbetrieben die berechtigten Forderungen der Gewerbetreibenden nach einer sicheren Existenzgrundlage zu berücksichtigen. Sie sind also auf die Kaufkraft einer bestimmten Zahl von Einwohnern angewiesen.

Dagegen stehen bei den öffentlichen Einrichtungen wirtschaftliche Aspekte weniger im Vordergrund. Hier ist vielmehr die Funktionsgröße entscheidend. Darunter ist diejenige Größe zu verstehen, die sich nach Abwägung sämtlicher Gesichtspunkte und nach kritischer Bewertung aller feststellbaren Erfordernisse als die günstigste Größe für die jeweilige Einrichtung ergibt (2).

Sowohl bei Betrachtung der Ausstattung mit öffentlichen als auch mit privaten Einrichtungen muß generell als Benutzerkreis nicht nur die bereits gegenwärtig oder zukünftig am Ort wohnende Bevölkerung, sondern u. U. auch die benachbarter Siedlungseinheiten betrachtet werden. In Ballungsrandzonen ist es nun jedoch häufig so, daß der Verflechtungsgrad der hier gelegenen Siedlungseinheiten untereinander relativ gering ist. Die Interessen verschiedenster Art sind - bislang jedenfalls - vornehmlich auf

den Ballungskern orientiert. Hierzu haben wohl auch die zum
Ballungskern hin meist besser als zwischen den Siedlungseinheiten der Ballungsrandzone entwickelten Verkehrsbeziehungen
beigetragen. Gemeinden und Siedlungseinheiten in der Ballungsrandzone sind also häufig allenfalls "Selbstversorgeorte",
ein eigener Verflechtungsbereich besteht jedoch nicht, d. h.
sie nehmen nur örtlich Dienstleistungsfunktionen wahr.

Auf Grund intensiver Verflechtungen verschiedenster Art mit
dem Ballungskern sind zur Ermittlung der tragbaren Infrastrukturausstattung also standortbedingte und z. T. stark modifizierend wirkende Einflüsse zu berücksichtigen. So weichen
Sozialstruktur, Altersstruktur, Geburtenquoten, Haushaltsgröße usw. häufig sehr stark von Durchschnittswerten ab.
Diese Strukturen wiederum lassen u.a. Rückschlüsse auf das ausgabefähige Einkommen und damit auch auf die zur Tragfähigkeitsermittlung für Einzelhandelsgeschäfte relevante Kaufkraft der
Einwohner zu. Bei der branchenweise zu ermittelnden Umsatzerwartung ist dann vor allem auch der Kaufkraftabfluß
in andere Geschäftszentren, zum Versandhandel usw. sowie
ein möglicherweise vorhandener Kaufkraftzufluß durch Einpendler, Durchreisende etc. zu berücksichtigen.

Auf dem Nahrungsmittelsektor ist die Umsatzerwartung meist
noch relativ hoch, da der sog. tägliche Bedarf doch überwiegend
am Wohnort selbst gedeckt wird. Betriebe mit Gütern des höheren Bedarfs (Textilien, Druckerzeugnisse etc.) haben dagegen
häufig mit sehr starkem Kaufkraftabfluß zu rechnen. Hier wirkt
sich die Angebotsvielfalt in den Ballungskernen als Konkurrenz
ganz besonders aus. Dem ermittelten Kaufkraftabfluß entsprechend ist daher die zur Existenzfähigkeit eines solchen Betriebes
mindestens erforderliche Einwohnerzahl zu erhöhen.

Auch im Bereich der öffentlichen Einrichtungen kann die zur Funktionsgröße erforderliche Einwohnerzahl in Abhängigkeit von den jeweils relevanten Einflußfaktoren sehr unterschiedlich sein (2). So kann z.B. auf Grund einer besonderen Sozialstruktur, die etwa einen in den Ballungsrandzonen häufig zu beobachtenden besonders hohen Anteil an Beamten und Angestellten ausweist, die Übergangsquote von der Grundschule zum Gymnasium oder zur Realschule überdurchschnittlich hoch sein. Infolgedessen wäre dann z.B. zur Auslastung eines Gymnasiums eine geringere Einwohnerzahl erforderlich als gemeinhin üblich. Da sich in den Ballungsrandzonen häufig auch junge Familien niederlassen, ist hier die Geburtenquote meist besonders hoch. Dies gilt es vor allem bei der Bedarfsermittlung von Kindergarten- und z.T. auch von Grundschulplätzen zu berücksichtigen.

Auf diese Weise lassen sich für die verschiedenen Einrichtungen die jeweiligen mindestens erforderlichen Einwohnerzahlen angeben. In BILD 3 sind diese Werte, wie sie sich für eine Gemeinde in der Ballungsrandzone ergeben haben, dargestellt. Dieser für einen Bereich von etwa 25.000 Einwohnern entwickelte Tragfähigkeitsspiegel läßt im wesentlichen drei Schwellen erkennen.

Die erste Schwelle zeichnet sich bei etwa 2.500 Einwohnern ab. Hier können jedoch erst einige wenige Einzelhandelsbetriebe mit Gütern des täglichen Bedarfs (Nahrungsmittel) existieren. Betrachtet man die ärztliche Versorgung im Bundesdurchschnitt (1 prakt. Arzt: 1.150 Einwohner; 1 Zahnarzt: 1.980 Einwohner), so erscheint zumindest für einen praktischen Arzt die Existenz möglich. An öffentlichen Einrichtungen ist jedoch lediglich ein Kindergarten mit 4 Gruppen tragbar.

Erforderliche Einwohnerzahlen ausgewählter Versorgungseinrichtungen

(Mindestwerte)

private Einrichtungen

- Lebensmittel SB
- Fleischerei
- Bäckerei, Konditoren
- Lebensmittel, Gemüse und Obst
- Tabakwaren
- Elektr. Erzeugnisse
- Drogerie
- Papierwaren
- Wäsche, Wirkwaren
- Oberbekleidung
- Schuhe
- Tapeten, Linoleum
- Kreditinstitute
- Wein, Spirituosen
- Uhren, Schmuck
- Hausrat
- Buchhandlung

Skala: 5000 – 10000 – 15000 – 20000 – 25000 Einwohner

öffentliche Einrichtungen

- Altenwohnheim
- Realschule
- Sportplatzanlage
- Altenheim
- Feuerwache
- Bücherei
- Sporthallen
- Gesamtschule
- Freibadanlage
- Gymnasium
- Sonderschule
- Hauptschule
- Kleinschwimmhalle
- Fürsorger
- Grundschule
- Lehrschwimmhalle
- Spielplatz
- Kindergarten

Quellen: (2), (3)

③

Ein breiteres Angebot an Einzelhandelsgeschäften mit Gütern des täglichen und z. T. auch schon des gehobenen Bedarfs ist erst bei rd. 7.000 Einwohnern zu erwarten. Hierbei könnte - geht man von Bundesdurchschnittswerten aus - auch bereits eine Apotheke existieren. Im öffentlichen Bereich wird jedoch erst die Erstellung einer Grundschule u. U. mit Lehrschwimmhalle, eines Spielplatzes für Jugendliche im Alter von 13 - 17 Jahren sowie von zwei Kindergärten mit jeweils 4 bis 6 Gruppen möglich.

Die dritte Schwelle liegt bei etwa 20.000 Einwohnern. Hierbei ist das Angebot an Einzelhandelsgeschäften schon genügend differenziert, auch sind einige Branchen bereits mehrfach vertreten. Im öffentlichen Bereich ist bei dieser Einwohnerzahl ebenfalls eine erste Komplettierung der Folgeeinrichtungen möglich. Auch für den Aufbau einer leistungsfähigen Verwaltung sowie für den kostengünstigeren Betrieb von Ver- und Entsorgungsanlagen bietet die höhere Einwohnerzahl eine bessere Voraussetzung.

Bei den zuvor genannten Schwellenwerten wird allerdings vorausgesetzt, daß sich die Einwohner jeweils in nur einer Siedlungseinheit konzentrieren. Andernfalls sind zumindest die für die Existenz der Einzelhandelsgeschäfte erforderlichen Einwohnerzahlen zu erhöhen.

Die Gegenüberstellung macht deutlich, daß zur Mindestausstattung wenigstens etwa 2.500 Einwohner in einer Siedlungseinheit erforderlich sind. Es zeigt sich aber auch, daß im Hinblick auf eine ausreichende Ausstattung insbesondere mit öffentlichen zentralen Einrichtungen eine Einwohnerzahl von etwa 20.000 anzustreben ist.

Dabei ist auch zu bedenken, daß mit steigenden Ansprüchen der Konsumenten die zur Existenzfähigkeit des Einzelhandels erforderlichen Einwohnerzahlen in Zukunft noch zu erhöhen sein werden. Auf dem Bildungssektor werden die in den Schulen zunehmend spezialisierteren und kostenintensiveren Ausstattungen (Sprachlabor etc.), die eine möglichst optimale Auslastung verlangen und z. T. auch die geringere Geburtenrate eine größere Einwohnerzahl bedingen.

Will man nun ein zusammengefaßtes und spezialisiertes Versorgungsangebot in ausreichender Konzentration auch außerhalb der Ballungskerne aufkommen lassen und eine Zersiedlung vermeiden, so erfordert dies eine Kanalisierung des Siedlungsdruckes in ausgewählte Siedlungsschwerpunkte. Es sind also in Zukunft Zuwanderer möglichst nur noch in jenen Siedlungseinheiten aufzunehmen, die auf Grund ihrer verkehrsgünstigen Lage, einer möglicherweise auch schon in Ansätzen vorhandenen Infrastrukturausstattung usw. besonders günstige Voraussetzungen als Siedlungsschwerpunkte bieten. Dabei sollten als Zielgröße mindestens etwa 15.000 Einwohner vorgesehen werden, da bei dieser Größe dann wenigstens schon ein umfangreicheres Angebot an privaten Versorgungseinrichtungen bestehen kann.

Um dieses Ziel zu erreichen, gilt es mit Hilfe eines attraktiven Baulandangebotes und einer Konzentration der öffentlichen Einrichtungen die erforderlichen Einwohner heranzuziehen. Dadurch werden sich dann auch weitere Einzelhandelsgeschäfte usw. hier niederlassen. Sofern keine besonderen Bedenken hinsichtlich des Landschaftsschutzes, der Verkehrsanbindung usw. bestehen, kann auch die Ansiedlung von Gewerbebetrieben erwogen werden.

In allen Siedlungsbereichen, die nicht zum Siedlungsschwerpunkt entwickelt werden, wäre dagegen ein beschränkter Einwohnerzuwachs allenfalls nur dann noch zu vertreten, wenn damit eine z. B. für die Grundversorgung erforderliche Schwelle erreicht werden kann, also eine entscheidende Verbesserung in der Versorgung zu erwarten ist.

Literaturverzeichnis
====================

(1) Malchus, V.: Strukturwandel in Nordrhein-Westfalen in jüngster Zeit. In: Raumforschung und Raumordnung. 31. Jg. Heft 1, 1973. Hrsg. Institut für Raumordnung, Bad Godesberg, Akademie für Raumforschung und Landesplanung, Hannover. Carl Heymanns Verlag KG., Köln - Berlin - Bonn - München.

(2) Spengelin, F.: Funktionelle Erfordernisse zentraler Einrichtungen als Bestimmungsgröße von Siedlungs- und Stadteinheiten. Schriftenreihe "Städtebauliche Forschung" des Bundesministers für Städtebau und Wohnungswesen, Heft 03.003/1972.

(3) Hofstädter, M.: Erläuterungsbericht zum Flächennutzungsplan der Stadt Remagen. Teil II Analyse des Bestandes und Prognose. Institut für Städtebau, Siedlungswesen und Kulturtechnik der Universität Bonn. Bonn 1972.

(4) Städtebauinstitut Nürnberg, Schriftenreihe SIN, Heft 6: Planungsgrundlagen Einkaufszentren, Teil 1, Dimensionierung, Berechnungsmethode.

Christiane Holz

SOZIOLOGISCHE ASPEKTE BEI DER ÖRTLICHEN
BESTANDSAUFNAHME ZUR SANIERUNGSPLANUNG

Das Material zur Erarbeitung einer Sanierungsplanung und
der dazugehörigen Sozialplanung wird in erster Linie bei
der örtlichen Bestandsaufnahme zusammengetragen, ergänzt
durch Angaben der amtlichen Statistik, durch Landes-, Regional- und Fachplanungen und andere Unterlagen.

Die örtliche Bestandsaufnahme besteht in der Regel aus einer
Begutachtung der Grundstücke, Gebäude und Wohnungen durch
das Erhebungspersonal und aus einer Bevölkerungsbefragung,
die hier genauer betrachtet werden soll.

Da bei dieser Befragung hauptsächlich soziale Tatbestände und
Wünsche erfaßt werden, weniger Meinungen und Verhaltensweisen, ergibt sich trotz vieler Gemeinsamkeiten ein Unterschied zu den Interviewtechniken der Sozialforschung.

1. Rechtliche Grundlagen
   =====================

Nach § 3 (4) Städtebauförderungsgesetz sind die Sanierungsbetroffenen verpflichtet "Auskunft über Tatsachen zu erteilen,
deren Kenntnis zur Beurteilung der Sanierungsbedürftigkeit
eines Gebietes oder zur Vorbereitung oder Durchführung der
Sanierung erforderlich ist".

Diese Regelung ist zu begrüßen, denn nach dem Bundesbaugesetz bestand keine generelle Auskunftspflicht (1). Es ist
zu erwarten, daß die Neuregelung eine wesentliche Verbesserung

des Befragungsablaufes mit sich bringt. Nachfolgende Erfahrungen bei der örtlichen Bestandsaufnahme wurden ohne diese gesetzliche Hilfe gesammelt.

2. Soziologische Aspekte bei örtlichen Erhebungen

Zum besseren Verständnis ist hier ein Erhebungsbogen beigefügt, der bei der Bevölkerungsbefragung die notwendigen Daten zur Sozialanalyse, wie z.B. Lebensalter, Stellung im Beruf, Familieneinkommen, liefern soll.

Bei der Erhebung können Schwierigkeiten durch die Verhaltensweise der befragten Personen entstehen, indem Auskünfte verweigert, falsche Angaben gemacht werden oder der Einlaß in Wohnungen oder Betriebe verwehrt wird. In einer Untersuchung über das Verhalten der Bevölkerung bei Befragungen zeichneten sich in einer Reihe von Erhebungen folgende Abhängigkeiten ab:

o Verhalten bestimmter Gruppen,
o Verhalten bei bestimmten Fragenkomplexen,
o Verhalten bei lokalen Problemen und
o Verhalten nach anderen Befragungen.

2.1. Verhalten bestimmter Gruppen

Bei der Befragung fielen ganz bestimmte Reaktionen bei einzelnen Personengruppen auf.
Zu nennen ist einmal die Gruppe der Geschäftsleute, die sich häufig über die zeitraubende Befragung beklagten und oft nicht zu den notwendigen Auskünften bereit zeigten.

Die Wohnbevölkerung war in der Regel aufgeschlossener; für den einen oder anderen mag die Befragung sogar eine willkommene Ablenkung bedeutet haben.

Bei den befragten Bewohnern muß jedoch unterschieden werden zwischen den sozialschwachen und den sozial besser gestellten Bevölkerungskreisen.

Die erste Gruppe, die meistens den Hauptteil der Bevölkerung in Sanierungsgebieten ausmacht, gab in der Regel freundlich, geduldig und bereitwillig alle erforderlichen Auskünfte.

Da tendenziell mit steigender sozialer Schichtung eine kritische Einstellung zum Interview zunimmt (2), verwundert nicht, daß sich die sozial Bessergestellten verhältnismäßig reserviert und kühl verhielten. Es kam sogar vor, daß Auskünfte und eine Wohnungsbesichtigung als unzumutbar abgelehnt wurden.

Was die Verläßlichkeit der Aussagen angeht, muß besonders auf die mehr oder weniger über- und untertriebenen Aussagen von Mietern und Eigentümern hingewiesen werden. Es kommt dabei auf die Motive an, die der Verfälschung der Angaben zugrundeliegen. "Manch einer mag sich von der Befragung einen unmittelbaren Nutzen erhoffen" (3).

Zum Beispiel werden Eigentümer dann ihre Wohnung als besonders hochwertig und komfortabel preisen, wenn sie sich im Rahmen der Sanierung einen Ankauf ihres Eigentums versprechen. Durch diese Angaben meinen sie, später den Kaufpreis günstig beeinflussen zu können.
Aus den gleichen Überlegungen heraus werden Mieter, wenn sie dem Vermieter schaden wollen (z.B. bei einem besonders gespannten Verhältnis), die Mängel der Wohnung besonders hervorheben.

Nicht unerwähnt sollen in diesem Zusammenhang die <u>Querulanten</u> bleiben, deren Anzahl aber verhältnismäßig gering ist. Mit Geduld und geschicktem Vorgehen ist es nicht selten möglich, auch hier die notwendigen Auskünfte zu erhalten.

2.2. <u>Verhalten bei bestimmten Fragenkomplexen</u>

Bei den Befragungen fiel weiter auf, daß bei einigen Fragen des Sozialbogens immer wieder mit ganz bestimmten Reaktionen - wie Verzögerung oder Verweigerung der Antwort - zu rechnen war.
Dazu gehört die Frage nach dem <u>Einkommen</u>, worüber man in der Regel verärgert war. Es wurden auch nur selten Angaben dazu gemacht, zumal keine Auskunftspflicht (nach dem BBauG)bestand.
Auch über die Höhe der <u>Miete</u> wurde in den meisten Fällen nur ungern Auskunft gegeben, nicht selten wurde die Beantwortung dieser Frage an den Hauseigentümer abgeschoben.

Die <u>Altersangabe</u> war einigen Hausfrauen offensichtlich unangenehm, trotzdem waren diese Angaben lückenlos, da immer auf das Meldeamt verwiesen werden konnte, das sowieso die notwendigen Auskünfte erteilen würde.

Die Frage nach einem <u>Auto</u> wurde dann, wenn es nicht vorhanden war, häufig mit Erläuterungen darüber verbunden, warum man keinen Wagen benötigte.

Es empfiehlt sich, alle diese "heiklen" Fragen, die besonders geschickt formuliert sein sollten, erst am Ende einer jeden Befragung zu stellen, um nicht von vornherein das Gesprächsklima zu verderben.

2.3. Verhalten bei lokalen Problemen

Schließlich ließ sich noch eine Abhängigkeit des Verhaltens der befragten Personen von örtlichen Problemen erkennen. Ist z.B. in einer Gemeinde der größte Teil der Bewohner mit der örtlichen Verwaltung unzufrieden, wird man bei einer Befragung auf große Schwierigkeiten stoßen. Hierbei ist allerdings die Unzufriedenheit der Bevölkerung mit der Verwaltungspolitik oder nur mit Einzelmaßnahmen der Verwaltung zu unterscheiden.

Während sich eine oppsitionelle Haltung der Bewohner, die durch Einzelmaßnahmen hervorgerufen wurde, häufig nur in Teilbereichen des Sanierungsgebietes, bei den Direktbetroffenen und der Nachbarschaft zeigte, wird bei einer Unzufriedenheit mit der allgemeinen Verwaltungspolitik die Befragungsarbeit im ganzen Sanierungsgebiet erschwert.

Als Beispiel für eine solche Einzelmaßnahme sei der Ausbau einer Straße in einem Erhebungsgebiet angeführt. Die Betroffenen klagten über die zu entrichtenden Anliegerkosten und die dabei aufgetretenen Härtefälle. Diese Maßnahme der Verwaltung hatte die betroffenen und benachbarten Bewohner verärgert und erschwerte die Befragung.

2.4. Verhalten nach anderen Befragungen

Vorangegangene Befragungen können ebenfalls das Verhalten der Bevölkerung bei örtlichen Erhebungen beeinflussen. Dieses kann sich in einer gewissen Skepsis äußern, vor allem, wenn eine Prüfung der vorher gemachten Angaben befürchtet wird. Die Reaktion auf mehrere aufeinanderfolgende Befragungen ist häufig ein gesteigertes Desinteresse, weil man der vielen Befragungen überdrüssig ist.

In einem Sanierungsgebiet wurde kurz vor der Erhebung eine Einheitswertfeststellung vorgenommen und außerdem wurden von einer Markenfirma die Verbraucherwünsche getestet. Demzufolge wurde bei der Sanierungsbefragung von den Betroffenen entweder eine Überprüfung der früheren Angaben befürchtetund die Fragen übervorsichtig beantwortet oder sie zeigten sich wegen der vielen Befragungen desinteressiert.

In diesem Zusammenhang sei erwähnt, daß schlechte Erfahrungen mit unlauteren Hausbesuchern ein besonders starkes Mißtrauen gegen alle fremden Besucher und gegen Befragungen hervorrufen können.
So wurden z. B. von einem Vertreter strahlenabsorbierende Vorsatzscheiben für Fernsehgeräte teuer verkauft. Wie sich später herausstellte, handelte es sich hierbei lediglich um getöntes Fensterglas.

3. Empfehlungen
=============

Diese Beobachtungen bei den Betroffenen während der Bestandsaufnahme zur Sanierungsplanung helfen, Hinweise für die Durchführung der Bevölkerungsbefragung zu geben.

Besonders wichtig ist eine ausreichende Information der Bevölkerung, da die Bereitschaft bei der Befragung mitzumachen meist größer ist, wenn man sie rechtzeitig über Sinn und Zweck orientiert (3).

Aus diesem Grund empfiehlt es sich, Rundschreiben als Postwurfsendung zur Information und damit zur Vorbereitung der örtlichen Erhebungen an alle Betroffenen zu senden.

Allerdings könnten diese Rundschreiben nur dann ihre Aufgabe ganz erfüllen, wenn zwischen Verteilung und Befragung nicht mehr als 14 Tage liegen, da sonst die Information schon zu sehr verblaßt ist. Außerdem sollten Artikel in der Lokalpresse mit entsprechenden Hinweisen helfen, die Erhebung vorzubereiten.

Weiter empfiehlt es sich, die betroffene Bevölkerung in Bürgerversammlungen mit den anstehenden Problemen vertraut zu machen und ihre Mitwirkungsbereitschaft bei den erforderlichen Befragungen zu entwickeln.

Einen wesentlichen Einfluß auf den Ablauf und das Gesprächsklima der Erhebung hat natürlich auch die Person des Befragers.

"Der Interviewer soll freundlich, höflich, zugänglich und unvoreingenommen sein, weder zu kurz angebunden noch zu überschwenglich, weder zu geschwätzig, noch zu nüchtern" (4).

Zur Legitimation sollte der Befrager von der betreffenden Gemeindeverwaltung einen Ausweis ausgestellt bekommen, der dann auf Verlangen vorgezeigt werden kann.

Wenn alle diese Vorkehrungen getroffen sind und alle Bedingungen in Bezug auf die Person des Befragers erfüllt, werden die bei der Befragung auftretenden Schwierigkeiten wesentlich eingeschränkt.

LITERATURVERZEICHNIS

(1) Bohr, D. u. Holz, Chr. : Datensammlung und Bestandsanalyse zur Sanierungsplanung. In: Vermessungstechnische Rundschau. Bonn 1972.

(2) König, R. : Das Interview. In: Handbuch der empirischen Sozialforschung. Stuttgart 1972.

(3) Atteslander, P. : Methoden der empirischen Sozialforschung. Berlin 1969.

(4) Maccoby, E. u. Maccoby, N. : Das Interview: Ein Werkzeug der Sozialforschung. Köln - Berlin 1968.

(5) Holz, Chr. : Zur Problemanalyse bei Sanierungsplanungen, aufgezeigt an einigen Beispielen kleinerer Orte. Dissertation. Bonn 1972.

Heinz-Hubert Menne

STÄDTEBAU UND GRUNDSTÜCKSDATENBANK

Folgende amtliche Quellen stellen gegenwärtig statistische Grundlagen zur Flächennutzung in der BRD bereit:

- Die Statistik "Bodennutzung und Ernte"
  Die im Rahmen der Bodennutzungserhebung ermittelten Flächendaten dienen in erster Linie der landwirtschaftlichen Produktionsstatistik. Die Art der Flächennutzung ist daher vor allem für den Bereich der landwirtschaftlich genutzten Flächen sehr differenziert nachgewiesen, während die nichtlandwirtschaftlich genutzten Flächen nur sehr pauschal erfaßt werden, und zwar für den Siedlungsbereich als "Gebäude- und Hofflächen", "Wegeland und Eisenbahnen" und "Friedhöfe, öffentliche Parkanlagen, Sport-, Flug- und militärische Übungsplätze". Weiter werden die Flächen nach dem Betriebsprinzip räumlich zugeordnet, so daß vor allem bei kleinräumiger Untergliederung (z.B. Gemeindeebene) Abweichungen von der katasteramtlichen Gebietsfläche auftreten können.

- Die Hauptübersichten der Liegenschaften.
  Nach dem Bodenschätzungsübernahmeerlaß vom 23.9.1936 (1) und dem Fortführungserlaß vom 30.9.1940 (2) werden von Katasterämtern die Liegenschaften jährlich nach ihren Nutzungsarten zusammengefaßt, um die Angaben des Liegenschaftskatasters gemäß (1) "den Bedürfnissen der Steuer, der Statistik, der Wirtschaft und der Planung" verfügbar zu machen. Die nachgewiesenen Nutzungsarten sind für die landwirtschaftliche Nutzfläche sehr weit aufgegliedert, während die Hauptgruppe "Hof- und Gebäudeflächen" nicht weiter definiert ist, und die

"übrigen Nutzungsarten" nur nach öffentlichen Verkehrsflächen und übrigen Flächen untergliedert sind.

- Die statistischen Jahrbücher Deutscher Gemeinden (3)
  Die hier vorliegenden Daten zur Flächennutzung beziehen sich auf alle Kreisfreien Städte und Kreisangehörigen Gemeinden mit mehr als 20.000 Einwohnern. Ihre Gliederung entspricht im wesentlichen der des Nutzungsartenkataloges des Liegenschaftskatasters.

Die genannten Statistiken stellen demnach Flächendaten für den landwirtschaftlichen Bereich in ausreichendem Maße zur Verfügung, während die Flächen im Siedlungsbereich nur sehr pauschal erfaßt werden. Eine Erklärung dafür mag sein, daß zu der Zeit, als die bisher vorliegenden Flächenstatistiken begründet wurden, der Landwirtschaft eine ungleich höhere ökonomische Bedeutung zukam als heute, da die Probleme der Agglomerationen, der Zersiedlung, der Landschaftspflege und des Umweltschutzes immer drängender werden, die ja zu einem sehr wesentlichen Teil durch die Siedlungs- und wirtschaftliche Tätigkeit des Menschen hervorgerufen werden.

Es kann daher nicht verwundern, daß die wichtigsten Agglomerationsbeschreibungen, die in der BRD Anwendung finden, - das von Boustedt entwickelte Modell der "Stadtregionen" (4) und die nach der MRKO-Entschließung vom 21.11.1968 abgegrenzten "Verdichtungsgebiete" (5) in ihrer jeweiligen Definition ohne spezifisch städtebauliche Merkmale auskommen; die den Ballungsräumen typische Umweltsituation, ihr bauliches Gepräge, die ihnen eigene Art der Flächennutzung findet nur mittelbar Eingang in Einwohner- bzw. Arbeitsplatz-Dichtewerten.

Auch in der modernen Stadtforschung, die versucht, den Stadtentwicklungsprozeß durch Abstraktion, Quantifizierung und Formalisierung mathematisch abzubilden, um daraus optimale Flächennutzungsmodelle zu entwickeln, stößt man bei Anwendung am konkreten Beispiel auf die Schwierigkeit, daß die Basisdaten zur Flächennutzung im Siedlungsbereich in nur unzureichender Differenzierung vorliegen.

Es ist weiterhin nicht möglich, einigermaßen genaue überregionale Analysen und Prognosen zur Flächennutzung in Siedlungsbereich zu erarbeiten.

Die für städtebauliche Planungen die Grundlage bildenden Daten, die Auskunft geben über die Flächenansprüche für Wohnen, Erholung, Wirtschaft und Verkehr, können i.d.R. nur aus neueren städtebaulichen Maßnahmen abgeleitet werden, für die differenzierte Flächenbilanzen vorliegen.

Städtebauliche Grunddaten für ältere Bebauungsgebiete liegen für größere, zusammenhängende Bereiche nicht vor; Aufschluß über die Art und das Maß der Flächennutzung in solchen Gebieten liefern i.d.R. erst Sanierungsuntersuchungen, deren Ergebnisse kaum verallgemeinert bzw. hochgerechnet werden können.

Zusammenfassend läßt sich sagen, daß trotz des Verstädterungsprozesses, in dem sich die BRD befindet, die Flächennutzung im Siedlungsbereich nur unzureichend erfaßt wird. "Wie überall in der Welt ist auch in der Bundesrepublik der Verstädterungsprozeß in vollem Gange. Hand in Hand geht damit ein Verdichtungsprozeß; Städte, Regionen und viele Gemeinden wachsen ständig" (L. Lauritzen in (7)). Aber "angesichts der Tatsache, daß über die voraussichtliche Entwicklung in Westdeutschland offensichtlich keinerlei Vorstellungen vorliegen, erscheinen entsprechende Untersuchungen dringend geboten" (6).

Erfolgversprechende Aussichten, diesen offenkundigen Mangel zu beheben, bietet die in Angriff genommene Umstrukturierung und Ausweitung des Liegenschaftskatasters (LK) zu einer Grundstücksdatenbank.

Das Vermessungswesen hat sich schon frühzeitig die Rationalisierungseffekte der elektronischen Datenverarbeitung (EDV) zunutze gemacht; allerdings beschränkte sich ihr Einsatz zumeist auf den technischen Bereich, um eine Beschleunigung der in großer Zahl anfallenden, untereinander gleichartigen Rechenarbeiten und eine Rationalisierung des Funktionsablaufs Messen - Rechnen - Kartieren zu erreichen (8), (9). Die EDV hat sich in diesen Bereichen bewährt und verspricht schon für die nahe Zukunft eine beträchtliche Reduzierung des Arbeitsaufwandes.

"Diente die Automatisierung der Rechen- und Buchungsarbeiten zunächst der Arbeitsbeschleunigung und der Kompensation von fehlendem Fachpersonal in den eigenen Verwaltungen, so wurde doch schnell erkannt, daß bei der Umstellung der Katasterbuchwerte auf EDV das Informationsbedürfnis der Gesamtverwaltung eindeutig in den Vordergrund tritt" (9), d.h. das zur Grundstücksdatenbank umstrukturierte LK soll in eine kommunale Datenbank integriert werden. Ein solches kommunales Informationssystem hat die kommunale Gemeinschaftsstelle für Verwaltungsvereinfachung in (10) vorgestellt.
"Die Kommunalverwaltung wird dabei als ein geschlossenes System verstanden, das aus den Teilsystemen Personalwesen, Finanzwesen, Einwohnerwesen, Bauwesen und Verfahrenstechniken sowie einer Verbindung zu den Verwaltungsebenen von Bund und Ländern besteht" (8). Dem LK kommt darin eine doppelte Aufgabe zu (8):

- Bereitstellung von Verwaltungsdaten wie Eigentümernachweis, Grenzen, Nutzung.

- Regionale Bezugsebene für alle grundstücksrelevanten Daten.

Entscheidend dabei ist, daß in diesem Informationssystem das Flurstück im katastertechnischen Sinn die kleinste räumliche Bezugseinheit darstellt. Wenn es gelingt, durch horizontale Integration alle flächenrelevanten Daten in dieser Feinheit zu regionalisieren, - das gilt besonders für die in den Totalerhebungen wie Volks- und Arbeitsstättenzählung und Wohnungs- und Gebäudezählung erhobenen Daten und für ihre Fortführung zwischen den Zählungen - stehen für die städtebauliche Planung und die Stadtforschung äußerst wichtige Grundlagen zur Verfügung, so daß beispielsweise die eingangs erwähnten städtebaulichen Modellrechnungen sinnvoll und nutzbringend anzuwenden wären.

Die aufwendigen örtlichen Bestandsaufnahmen bei Sanierungsuntersuchungen, die zum großen Teil nichts anderes als eine parzellengenaue Regionalisierung und Kompilation von zum Teil bereits in gröberem regionalen Raster vorliegenden Daten darstellen, ließen sich in ihrem Aufwand erheblich reduzieren. Nach dem endgültigen Ausbau der kommunalen Datenbanken und ihrer Integration in Landes- bzw. Bundesinformationssysteme verfügt auch die Raumplanung über fundiertes Datenmaterial, das erlaubt, Änderungen in der Flächennutzung großräumig zu analysieren.

LITERATURVERZEICHNIS

(1) Der Reichs- und Preußische Minister des Innern: Übernahme der Bodenschätzungsergebnisse in die Liegenschaftskataster (BodSchätzÜbernErl.) RdErl. d. RMdI vom 23. Sept. 1936 - VI A 13 352/6833 -.

(2) Der Reichs- und Preußische Minister des Innern: Fortführung des Reichskatasters (Fortführungserlaß) RdErl. d. RMdI. v. 30. Sept. 1940 - VI A 9026/40-6835-.

(3) Deutscher Städtetag: Statistische Jahrbücher Deutscher Gemeinden, Braunschweig.

(4) Boustedt, O.: Stadtregionen. In: Handwörterbuch der Raumforschung und Raumordnung. Hannover 1970.

(5) Partzsch, D.: Gebietskategorien nach dem Raumordnungsgesetz des Bundes. In: Handwörterbuch der Raumforschung und Raumordnung. Hannover 1970.

(6) Dahlhaus, J. u. Marx, D.: Flächenbedarf und Kosten von Wohnbauland, Gemeinbedarfseinrichtungen, Verkehrsanlagen und Arbeitsstätten. Hannover 1968.

(7) Bundesminister für Wohnungswesen und Städtebau: Städtebaubericht 1969. Bonn 1969.

(8) Schriever, H.: Das Liegenschaftskataster als Basis einer Grundstücksdatenbank. In: IBM-Nachrichten April 1972, 22. Jahrgang.

(9) Arbeitsgemeinschaft der Vermessungsverwaltungen der Länder der Bundesrepublik Deutschland (AdV): Automatisiertes Liegenschaftskataster als Basis der Grundstücksdatenbank, Rahmen-Soll-Konzept. Mainz 1971.

(10) Kommunale Gemeinschaftsstelle für Verwaltungsvereinfachung: Automation im Bauwesen: Rahmenmodell. Köln 1970.

Herbert Millgramm, Hans Radermacher

UNTERSUCHUNGEN ZUR LEISTUNGSFÄHIGKEIT VON ROHRSYSTEMEN

1. Einführung und Problemstellung
================================

Eine wirtschaftliche Agrarproduktion ist ein Grundelement einer Volkswirtschaft, die den Anforderungen und Entwicklungen einer Industriegesellschaft genügen muß. Der technische Fortschritt und die wirtschaftliche Entwicklung in der Bundesrepublik und den anderen Ländern der Europäischen Wirtschaftsgemeinschaft bedingen, daß die Landwirtschaft auch in Agrargebieten mit ungünstigeren und schlechten natürlichen Voraussetzungen optimal produziert. Zur Klärung einiger Fragen und Einflußgrößen zur landwirtschaftlichen Produktivität auf der Grundlage wasserwirtschaftlicher und hydraulischer Überlegungen hat der Lehrstuhl für Kulturtechnik der Universität Bonn für die Ministerien für Ernährung, Landwirtschaft und Forsten des Bundes und des Landes Nordrhein-Westfalen Forschungsaufgaben bearbeitet.

Einzelne Schwerpunkte der Forschungsarbeiten, wie z.B. die Verrohrung von Vorflutern bei landwirtschaftlichen Entwässerungen und Fragen zur Hydraulik und Bemessung von offenen Entwässerungsgräben, wurden bereits abgeschlossen. Ein anderer Schwerpunkt des Forschungsauftrages umfaßt Fragen zur Leistungsfähigkeit in Rohrsystemen. Auch in diesem Arbeitsbereich sind die Labor- und Feldversuche bereits abgeschlossen. In Kürze werden die vielschichtigen Untersuchungen und Versuchsdurchführungen in einer Dissertation veröffentlicht. Dieser Beitrag ist daher nur ein kurzgefaßter Bericht über diese Forschungsarbeiten.

Als Problemstellung und Zielsetzung wurde die Untersuchung von Einflußgrößen auf die Leistungsfähigkeit beim Abfluß in Dränrohrsystemen vorgegeben. Der Bearbeitungsraum wurde auf Grund der komplexen und vielschichtigen Fragen auf Dränrohrsysteme aus Tonrohren eingeengt. Entsprechend den Empfehlungen und Forderungen von BELLIN - "Nur die Ergebnisse sorgfältig unter Berücksichtigung aller bisherigen Erfahrungen und Kenntnisse auf dem Gebiet der Dränung und allgemeinen Feldversuchstechnik angelegter Dränversuche im Felde oder in Laboratorien können nach und nach die bisher fast ausschließlich empirisch durch langjährige Erfahrungen gewonnenen Bemessungswerte für die Dränung bestätigen und verbessern (1)" - wurde ein Stufenprogramm für die Versuchsdurchführung entwickelt. Die 1. Untersuchungsstufe bilden die Voruntersuchungen, die 2. Untersuchungsstufe Laboruntersuchungen auf der hydraulischen Versuchsanlage Röttgen und die 3. Stufe Felduntersuchungen in den Dränversuchsfeldern Schweinheim I und II. Die wissenschaftlichen Forschungsarbeiten wurden unter der Leitung und Obhut von Herrn Professor Dr. -Ing. Baitsch durchgeführt.

2. Bemerkungen zu den Grundlagen

Die Basis für die Leistungsfähigkeit von Dränrohrsystemen bilden die Fassungsfunktion in der Umgebung des Dränrohres und die Transportfunktion im Dränrohr. Beide Funktionen sind so eng miteinander und komplex verknüpft, daß isolierte Betrachtungen zur Fassungsfunktion oder zur Transportfunktion leicht zu Fehlinterpretationen der Leistungsfähigkeit von Dränrohrsystemen führen können. Die Grundlagen und die Probleme der Fassungsfunktion wurden von KOWALD (6) umfassend angesprochen, untersucht und diskutiert. EYLERS (4) und SAUERBREY (9) befassen sich in Veröffentlichungen eingehend mit den Grundlagenbereichen Transportfunktion und Rohrhydraulik. Sie stellen die Beschreibung des Abflusses durch die Potenzformel (Kutter, Gauckler-Manning-Strickler) den theoretischen Fließformeln (Nikuradse, Prandtl und Colebrook) gegenüber. Nach den Fließformeln von PRANDTL-COLEBROOK wird die Rohrleistung überwiegend durch die Abweichungen vom Solldurchmesser des Rohres beeinflußt. KIRSCHMER (5) hat bereits 1965 durch Vergleichsrechnungen nachgewiesen, daß Fehlerschätzungen bei der Betriebsrauhigkeit k_b bis zu 200 % nur Differenzen in der Abflußberechnung in der Größenordnung von 10 bis 12 % verursachen. Dagegen beeinflußt der Geschwindigkeitsbeiwert k_s aus der Potenzformel die rechnerische Größe der Leistungsfähigkeit linear und führt daher - wegen der Unsicherheit der Rauhigkeitsschätzung - nur zu groben Näherungswerten. Es ist deswegen vorgesehen, in der Neuauflage der DIN 1185 auf die physikalisch exakte Fließformel von Prandtl-Colebrook überzugehen. Zur Vereinfachung der Bemessung kann auf tabellarische Auswertungen der Fließformeln oder auf Bemessungsnomogramme zurückgegriffen werden.

3. Die Durchführung der Untersuchungen

3.1. Allgemeine Anmerkungen

Die Untersuchungen über das Abflußverhalten in Dränrohrleitungen aus Ton wurden in einem 3-Stufen-Programm durchgeführt. Die 1. Stufe bestand aus Voruntersuchungen im Labor des Instituts für Städtebau, Siedlungswesen und Kulturtechnik der Universität Bonn. Auf der kleinen hydraulischen Versuchsanlage im Labor - die Meßstrecke beträgt 4 m - sollte zunächst ermittelt werden, in welchem Umfang und mit welchen Verfahrenstechniken die Großversuche auf der hydraulischen Versuchsanlage Röttgen durchgeführt werden können. Die 2. Stufe der Untersuchungen bestand aus einem umfassenden und vielschichtigen Versuchsprogramm, das auf der

Betriebsschema der Versuchsanlage Röttgen

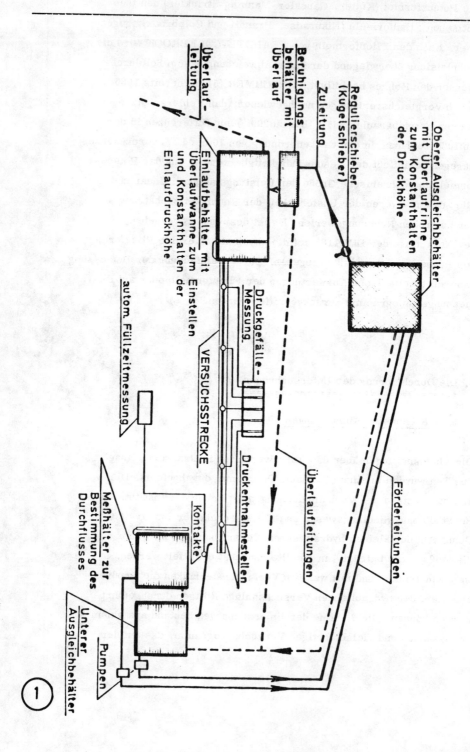

VERSUCHSPROGRAMM
ÜBERSICHT

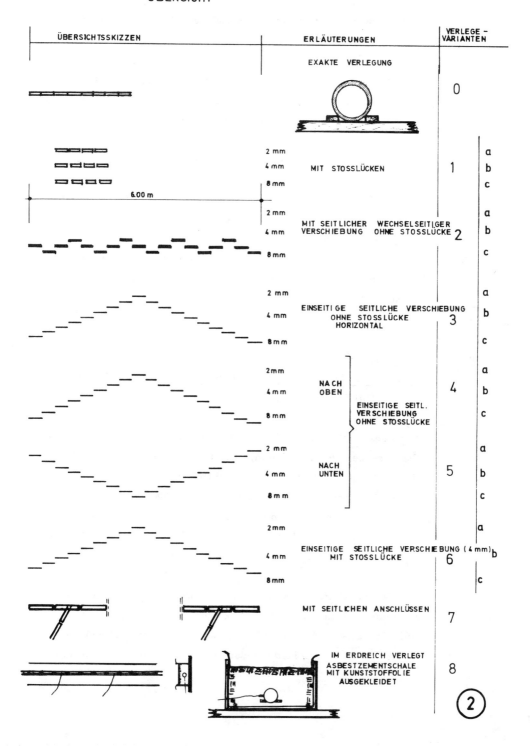

hydraulischen Versuchsanlage Röttgen durchgeführt wurde. Die Versuchsstrecke dieser Anlage ist ca. 40 m lang. Die 3. Stufe der Untersuchungen bestand aus Feldversuchen auf den Versuchsfeldern Schweinheim I (Ackerdränung) und Schweinheim II (Wiesendränung). Einzelheiten zum Abfluß unter Druck in den beiden Versuchsfeldern sind in den beigefügten Anlagen festgehalten und aufgeführt.

Um vergleichende Betrachtungen zwischen den 3 Untersuchungsstufen anstellen zu können, wurden die Tondränrohre für die 1. und 2. Stufe von der Herstellerfirma bezogen, die die Materiallieferung (Dränrohre) für die beiden Versuchsfelder durchgeführt hatte. Für die erdverlegten Dränrohrversuche auf der Versuchsanlage Röttgen wurde ein Boden ausgewählt, der den Böden in den Versuchsfeldern Schweinheim im Kornaufbau entspricht und die gleichen Bodenkennwerte hat.

3.2. Die Untersuchungen auf der Versuchsanlage Röttgen
(BILDER 1 und 3)

Die Versuchsdurchführungen wurden mit Tondränrohre der Rohrdurchmesser 50 mm, 65 mm, 100 mm und 130 mm durchgeführt. Es wurden je Rohrdurchmesser 150 Dränrohre angeliefert. Von jedem Rohrdurchmesser wurden 35 Stück (ungefähr 20 %) der Lieferung entnommen. Davon wurden 10 Stück gemäß DIN 1180 überprüft. Bei den restlichen 25 Dränrohren wurden die Daten F_m und d_m durch volumetrische Messungen ermittelt.

Die Versuchsleitungen wurden aus Teilstücken von 6 Dränrohren zusammengebaut. Jedes Teilstück wurde mit einer Kunststofffolie ummantelt; die Stoßenden wurden wasserundurchlässig verklebt. Nur im Bereich der Meßstrecke wurde jeder Stoß einzeln dicht umhüllt.

HYDRAULISCHE VERSUCHSANLAGE
des Instituts für Städtebau, Siedlungswesen und Kulturtechnik
der Rheinischen Friedrich - Wilhelms - Universität Bonn

Verlege-Variante 0
Exakte Verlegung der
Dränrohrleitung zur
Bestimmung von k_0

Verlege-Variante 8
Verlegung der Dränrohrleitung
im Erdreich zur Bestimmung
der Betriebsrauhigkeit k_b

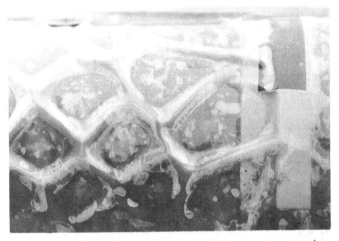

Bei Abflußgeschwindigkeiten über v = 1,5 m/sec
zeigte sich Unterdruck in der Versuchsleitung

③

Tabelle 1: Übersicht der VERSUCHSERGEBNISSE

Verlegeart	Berechnungsformel: PRANDTL - COLEBROOK			GAUCKLER↓MANNING↓STRICKLER	
	Grundrauhigkeit k_0	Betriebsrauhigkeit k_b	Abweichung	Geschwindigkeitsbeiwert k_s	Abweichung
I. Hydraulische Versuchsanlage Röttgen:					
Verlege-Variante 0	0,35...0,50	0,35 — 0,50	—	100......140	—
" 1 a		0,30 — 0,50	—	100 — 140	—
" 1 b		0,35 — 0,50	—	100 — 140	—
" 1 c		0,40 — 0,55	+0,10/+0,15	90 — 130	−10/−20
" 2 a – 2 c		0,45 — 0,60	+0,15/+0,20	85 — 125	−15/−25
" 3 a – 3 c		0,45 — 0,60	+0,15/+0,20	85 — 125	−15/−25
" 4 a – 4 c		0,45 — 0,60	+0,15/+0,20	85 — 125	−15/−25
" 5 a – 5 c		0,45 — 0,60	+0,15/+0,20	85 — 125	−15/−25
" 6 a – 6 c		0,50 — 0,70	+0,20/+0,25	80 — 110	−20/−30
" 7		0,50 — 0,70	+0,20/+0,25	80 — 110	−20/−30
" 8 (Erdreich)		0,60 — 0,75	+0,25/+0,30	70 — 100	−30/−40
II. Versuchsfelder Schweinheim I und II:					
Acker- und Wiesendränung		0,65 — 0,85	+0,30/+0,35	65 — 100	−35/−40

ANMERKUNG: Die Verlege-Varianten 0 bis 8 sind im Versuchsprogramm dargestellt.

Tabelle 2:

LANGZEIT-NIEDERSCHLAGSMESSUNGEN im Raum Schweinheim bei Euskirchen

Beobachtungs-Zeitraum: 1961 bis 1971

JAHR	1961	1962	1963	1964	1965	1966	1967	1968	1969	1970	1971	Mittel
MONAT	mm	mm	mm	mm	mm	mm	mm	mm	mm	mm	mm	mm
Januar	67,6	29,0	39,5	24,0	96,0	33,2	28,2	71,2	35,4	50,7	14,8	44,5
Februar	31,9	64,0	27,7	42,7	25,4	34,2	32,0	42,1	41,6	75,0	42,2	41,7
März	22,3	52,8	30,5	46,0	43,5	77,3	39,5	49,3	37,8	60,9	26,6	44,2
April	68,6	38,0	35,8	42,5	93,8	67,9	58,5	9,2	45,7	58,5	26,1	49,5
Mai	60,2	41,5	49,2	34,6	53,1	44,3	71,6	43,3	60,0	59,0	71,5	53,5
Juni	131,1	7,2	33,5	38,1	100,5	72,2	67,3	69,5	44,1	42,0	109,0	65,0
Juli	73,5	61,2	37,7	37,8	138,0	135,0	63,2	77,0	62,0	77,3	21,8	71,3
August	46,9	80,5	65,3	61,3	64,1	34,7	19,8	133,2	190,5	113,5	42,6	77,5
September	22,8	52,2	36,7	32,8	52,7	9,7	68,5	131,0	21,5	40,0	11,5	43,6
Oktober	31,5	18,0	39,7	52,0	21,8	87,1	35,00	34,4	3,0	71,0	35,5	39,0
November	58,4	34,6	61,6	67,3	50,0	67,0	52,7	21,5	62,0	41,2	75,2	53,8
Dezember	33,3	63,0	5,9	36,6	79,2	90,6	65,0	26,9	22,7	38,5	9,8	42,9
JAHRESMENGE in mm	648,1	542,0	463,1	515,7	818,1	753,2	601,3	708,6	626,3	727,6	486,6	626,5

Mittel aus den Jahreseinzelmengen: $\dfrac{6890,6 \text{ mm}}{11 \text{ Jahre}} = 626,4$ mm/Jahr

Alle Versuche wurden beim Abfluß unter Druck gefahren. Die Druckhöhe am Einlaufbehälter variierte von 20 cm bis 80 cm. Das Gefälle der Versuchsleitungen wechselte von 0 % bis 4 %. Weiterhin wurde ein Versuchsprogramm (siehe BILD 2, TABELLE 1) für die unterschiedlichsten Verlege-Varianten zusammengestellt. Mit Hilfe dieser vielschichtigen Untersuchungen sollten die unterschiedlichsten Einflußgrößen (wie z. B. Materialart, Materialbeschaffenheit, "gute" und "schlechte" Verlegung usw.) bestimmt werden.

3.3. Die Versuchsfelder Schweinheim I und II (BILD 4)

Die Versuchsfelder Schweinheim I und Schweinheim II wurden in den Jahren 1968 und 1969 erstellt. Da die Messungen in den Versuchsfeldern zu vergleichenden Betrachtungen mit den Ergebnissen der hydraulischen Versuchsanlage Röttgen herangezogen werden, konnten sie nur beim Abfluß unter Druck durchgeführt werden. Dieser Abflußzustand trat in den vergangenen Jahren jährlich nur ca. 4 bis 6 mal auf. Die Langzeitbeobachtungen der Niederschläge im Raum Schweinheim (siehe TABELLE 2) zeigen deutlich sehr große Unterschiede in den monatlichen und jährlichen Niederschlagsmengen. Daher konnten die Versuchsmessungen in den Versuchsfeldern nur in geringer Anzahl durchgeführt werden.

4. Auswertung der Versuchsdurchführungen

4.1. Allgemeines

Die auf der hydraulischen Versuchsanlage Röttgen, die im Aufbau eingehend (STRACK (10) und TREUDE (11)) beschrieben wurde,

DRÄNVERSUCHSFELDER   Schweinheim

Dränversuchsfeld Schweinheim I :   Ackerdränung

Hauptsammler mit Pegel Im Vordergrund der Meßschacht mit dem Dränwassermesser Prinzip "Infeld"	Dränabfluß im Hauptsammler unter Druck Im Vordergrund sind Quellen im Bereich des Sammlers zu erkennen. Das Stoppelfeld ist im oberen Bereich unbearbeitet (nicht gelockert).

Dränversuchsfeld Schweinheim II : Wiesendränung

Dränabfluß im Hauptsammler unter Druck. Am rechten Bildrand sind die Pegel zu erkennen, die im Bereich der Sauger eingebaut wurden

durchgeführten Versuche wurden nach der Potenzformel von Gauckler-Manning-Strickler

$$(v = k_s \cdot R^{2/3} \cdot J^{1/2})$$

und Fließformel nach Prandtl-Colebrook für den Übergangsbereich

$$(v = - \sqrt{8g \cdot D \cdot I} \cdot \lg (\frac{k_b}{3,71 \cdot D} + \frac{2,51 \cdot \nu}{D \sqrt{2g \cdot D \cdot I}}))$$

ausgewertet. Die Versuchsergebnisse sind in der Anlage zusammengestellt.

4.2. Die Potenzformel nach Gauckler-Manning-Strickler

Die Potenzformeln entsprechen nur dann dem Abflußverhalten, wenn die Materialart und die Beschaffenheit der Dränrohre im Ansatz berücksichtigt ist. EHRENBERGER (3) hat daher für seine Untersuchungen eigene Potenzformeln entwickelt. Bei den stufenweisen Versuchsdurchführungen wurden Geschwindigkeitswerte von k_s = 65 bis k_s = 140 ermittelt (siehe TABELLE 1).

4.3. Die Fließformel nach Prandtl-Colebrook

Wie die Versuchsergebnisse zeigen, lassen sich bei den stufenartigen Versuchsdurchführungen (siehe Versuchsprogramm BILD 2, TABELLE 1) die einzelnen Einflußgrößen eliminieren. Wenn die Grundgenauigkeit k_o der Rohrleitung, die Rohr- und Verlegequalität und die Gestaltung des Rohrnetzes bekannt sind, läßt sich daraus die Betriebsrauhigkeit k_b sofort ermitteln. Die Einzelheiten sind in dem Empfehlungen zur Betriebsrauigkeit (s. Anlage) ausführlich dargestellt.

Tabelle 3:

E M P F E H L U N G E N für die Betriebsrauhigkeit k_b
bei Dränrohrsystemen aus Tonrohren

Formelansatz für die Betriebsrauhigkeit:

$$k_b = k_0 + k_a + k_n$$
$$k_b = k_0 + (k_{ar} + k_{av}) + (k_{ne} + k_{nw})$$

Bedeutung der Formelzeichen:

k_b = Betriebsrauhigkeit
k_0 = Grundrauhigkeit (oder: Laborrauhigkeit)
k_a = Rauhigkeitszuschlag für die Ausführungsqualität
k_{ar} =   "   "   " Rohrqualität
k_{av} =   "   "   " Verlegequalität
k_n = Rauhigkeitszuschlag aus dem Rohrnetzsystem
k_{ne} =   "   für die Rohreinmündungen
k_{nw} =   "   für Rohrdurchmesser- und Rohrgefällewechsel

Tabelle: Rauhigkeitszuschlag k_a (in mm)
für die Ausführungsqualität

Verlegequalität	Rohrqualität				
	ausgezeichnet	sehr gut	gut	mittel	schlecht
AUSGEZEICHNET	0	+ 0,05	+ 0,10	+ 0,15	+ 0,20
SEHR GUT	+ 0,05	+ 0,10	+ 0,15	+ 0,20	+ 0,25
GUT	+ 0,10	+ 0,15	+ 0,20	+ 0,25	+ 0,30
MITTEL	+ 0,15	+ 0,20	+ 0,25	+ 0,30	+ 0,35
SCHLECHT	+ 0,20	+ 0,25	+ 0,30	+ 0,35	+ 0,40

Tabelle: Rauhigkeitszuschlag k_n aus dem Rohrnetzsystem (in mm)

Änderung Rohrdurchmesser Gefälle	Rohreinmündungen				
	keine	\multicolumn{4}{c}{Abstand}			
		weit	mittel	eng	sehr eng
KEINE	0	+ 0,05	+ 0,10	+ 0,15	+ 0,20
GERING (1 - 2)	+ 0,05	+ 0,10	+ 0,15	+ 0,20	+ 0,25
MITTEL (3 - 4)	+ 0,10	+ 0,15	+ 0,20	+ 0,25	+ 0,30
HÄUFIG (mehr als 4)	+ 0,15	+ 0,20	+ 0,25	+ 0,30	+ 0,35

5. Zusammenfassung

Die durchgeführten Untersuchungen über die Leistungsfähigkeit beim Abfluß unter Druck in Dränrohrleitungen aus Tonrohren haben bestätigt, daß die bereits in anderen Fachgebieten ausgeführte physikalisch exakte Fließformel nach Prandtl-Colebrook auch in der Bemessung von Dränrohrleitungen sehr vorteilhaft anzuwenden ist. Selbst von älteren Rohrleitungen läßt sich mit Hilfe ergänzender Laboruntersuchungen die Betriebsrauhigkeit k_b und damit die Leistungsfähigkeit bestimmen (vgl. TABELLE 3). Ähnliche Ansätze sind auch schon bei LAMMERS (7) erwähnt.

Aus der Vielzahl der durchgeführten Untersuchungen konnten hier nur einige schlaglichtartig hervorgehoben werden.
Die beigefügten Bilder und Tabellen mögen das Bild der Versuchsdurchführungen abrunden.

LITERATURVERZEICHNIS

(1) Bellin, K.: Voraussetzungen für repräsentative Dränversuche. In: Wasser und Boden, Heft 9 und Heft 11/1966.

(2) Cimpa, F: Verrohrung von Vorflutern bei landwirtschaftlichen Entwässerungen. Dissertation Universität Bonn 1971.

(3) Ehrenberger: Versuche über die Geschwindigkeit des Wassers in vollaufenden Dränrohrleitungen. In: Wasserwirtschaft und Technik, Wien 1936.

(4) Eylers: Rohrhydraulik und Dränung. In: Wasser und Boden, Heft 1/1970.

(5) Kirschmer, O.: Berechnung von Rohrleitungen Tabellenwerk. Heidelberg 1965.

(6) Kowald: Technische, hydraulische und bodenkundliche Probleme der Tonrohrdränung insbesondere in Marschgebieten. Habilitationschrift. Gießen 1968.

(7) Lammers, G.: Hydraulische Grundlagen zur wirtschaftlichen Bemessung von Entwässerungsleitungen. Dissertation Universität Bonn 1959.

(8) Radermacher, H.: Hydraulik und Bemessung offener Entwässerungsgräben mit geringen Dimensionen unter besonderer Berücksichtigung von Verkrautung und Unterhaltung. Dissertation Universität Bonn 1970.

(9) Sauerbrey, M.: Abfluß in Entwässerungsleitungen unter besonderer Berücksichtigung der Fließvorgänge in teilgefüllten Rohren. In: Wasser und Abwasser. Bielefeld 1969.

(10) Strack, H.: Zum hydraulischen Verhalten von Leitungen aus Steinzeugrohren. Dissertation Universität Bonn 1965.

(11) Treude, O.: Experimentelle Untersuchungen über die hydraulische Leistungsfähigkeit von Entwässerungsleitungen. Dissertation Universität Bonn 1964.

H. Radermacher, E. Korsten, V. Mertens

EIN MATHEMATISCHES, NICHTLINEARES NIEDERSCHLAG-ABFLUSSMODELL

1. Einleitung

Die Kenntnis vom ursächlichen Zusammenhang zwischen Niederschlag im Einzugsgebiet und dem Abfluß an einer bestimmten Kontrollstelle, z.B. einem Pegel, ist Voraussetzung für die kurzfristige Hochwasservorhersage ebenso wie für die Planung wasserbaulicher Maßnahmen. Dabei ist es besonders für die Steuerung von Rückhaltebecken notwendig, die Gestalt der Abflußganglinie frühzeitig bestimmen zu können.

Es gibt bereits verschiedene Verfahren, die es gestatten, vom Niederschlag auf den Abfluß aus einem Gebiet zu schließen. Wegen einer starken Vereinfachung der physikalischen Vorgänge beim N-A-Prozeß und der Notwendigkeit, gewisse Parameter in diesen Ansätzen aufgrund von Erfahrungswerten schätzen zu müssen, wird nur eine geringe Genauigkeit erzielt. Oder aber es wird eine größere Zahl von N-Meßstationen benötigt. Diese sind aber nur in den seltensten Fällen vorhanden, und bei kleineren Einzugsgebieten ist man froh, wenn überhaupt Niederschlagswerte zur Verfügung stehen. Aus diesem Grunde sein die relativ genauen Verfahren nur bei Einzugsgebieten in der Größenordnung von 200 bis 1.000 km^2 sinnvoll.

2. Abgrenzung des Geltungsbereiches

Es wurde nun ein Verfahren konzipiert, welches die Vorhersage der Abflüsse aus vorgegebenen Niederschlägen für Gebiete <200 km^2 gestatten soll, die den Gemessenen mit ausreichender Genauigkeit entsprechen. Winterhochwasser wurden aus der Untersuchung ausgeschlossen, da die Berücksichtigung der Schneehöhen, der Lagerungsdichte und des Schmelzvorganges außerordentlich diffizil ist und ausreichendes Beobachtungsmaterial nicht zur Verfügung steht. Es ist aber zu erwarten, daß das Modell sich auch auf Winterhochwasser anwenden läßt, wenn man den gemessenen Niederschlägen gewisse Anteile wegen des Schmelzwassers hinzuaddiert.

3. Einflußfaktoren

In einer Niederschlag - Abfluß-Beziehung muß der Einfluß einer Vielzahl an Faktoren berücksichtigt werden. Diese lassen sich in zwei Gruppen zusammenfassen.

Die erste Gruppe umfaßt die Faktoren, die den Regentyp kennzeichnen:

>Regenmenge, Regendauer, Intensitätsverteilung
während des Ereignisses und Niederschlagsmigration.

In der zweiten Gruppe wird der Zustand des Einzugsgebietes zum Zeitpunkt des Ereignisses beschrieben:

>z. B. Grad der Verdunstung in Abhängigkeit der Luftfeuchtigkeit, der Temperatur und dem Dampfdruck, Grad der Bodenfeuchtigkeit, Vegetationszustand als Funktion der Jahreszeit.

Regentyp	Zustand des Einzugsgebiets
Regenmenge -dauer	Grad der Verdunstung (Luftfeuchtigkeit, Temperatur, Dampfdruck)
Intensitätsverteilung während des N-Ereignisses	Grad der Bodenfeuchte
Niederschlagsmigration	Jahreszeit

BILD 1 Einflußfaktoren

Der Einsatz leistungsfähiger elektronischer Datenverarbeitungsanlagen erlaubt die funktionale Berücksichtigung all dieser Einflußgrößen in einem detaillierten Modell und hat damit zu einer gewissen Abkehr von den bisher nahezu ausschließlich verwendeten empirischen Faustregeln geführt.

4. Anwendung der Systemtheorie

Der mathematisch durchsichtigeren Darstellung wegen werden zur Lösung des aufgezeigten Problems Begriffe aus der Systemtheorie herangezogen. Unter einem Begriffssystem wird allgemein eine Einrichtung verstanden, die einen eindeutigen quantitativen Zusammenhang zwischen einer Erregung und der daraus resultierenden Reaktion herstellt. Bei der Analyse und Synthese von Systemen und deren Verhalten spielen nun zwei Gruppen von Zeitfunktionen eine Rolle. Die eine umfaßt die Eingangssignale $x(t)$, welche die Systemerregung kennzeichnen. Die zweite Gruppe stellt die Ausgangssignale $y(t)$

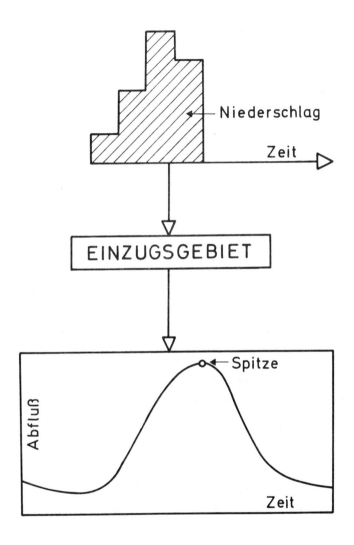

BILD 2: Schematische Darstellung des N - A - Vorganges

dar, welche die Systemreaktion darstellen.

Die zwischen diesen Signalen bestehende Verknüpfung ist in
BILD 2 wiedergegeben, wobei sowohl das System als auch
den Operator symbolisiert.

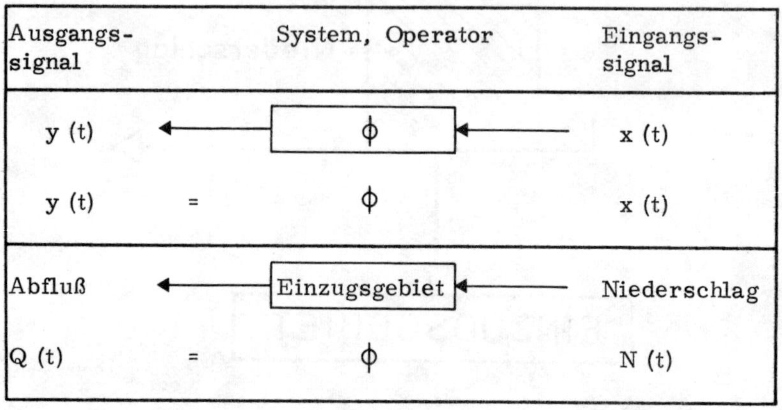

Ausgangs-signal	System, Operator	Eingangs-signal
y (t)	← ϕ ←	x (t)
y (t) =	ϕ	x (t)
Abfluß	← Einzugsgebiet ←	Niederschlag
Q (t) =	ϕ	N (t)

BILD 3: Analytische Darstellung des N-A-Vorganges

Die Anwendung des Systems auf die Hydrologie ergibt die
Identität der Systemerregung mit dem Niederschlag und
der Systemantwort mit dem Abfluß.

Es gilt jetzt, den bisher nur allgemein dargestellten Operator
und auch das Eingangssignal durch eine plausible mathematische Funktion zu beschreiben.

5. Die Funktion des Eingangssignals
===================================

Der herkömmlicherweise mit einem Regenmesser oder Regen-
schreiber registrierte Niederschlag kann nicht unmittelbar zur
Berechnung des Abflusses herangezogen werden, da ja nicht

der gesamte niedergehende Regen abfließt, sondern ein erheblicher Anteil verdunstet bzw. zurückgehalten wird. Also muß der gemessene Niederschlag mittels einem Abflußwert reduziert werden, damit man den abflußwirksamen, auch effektiv genannten Niederschlag erhält:

$$N_{eff} = \varphi \cdot N_{gemessen} \quad (1)$$

Der Abflußbeiwert ist jedoch über ein Ereignis hinweg nicht konstant, sondern wächst mit zunehmender Niederschlagsdauer. Demnach ist φ als Funktion der Zeit darzustellen.

$$N_{eff} = \varphi(T) \cdot N_{gem}(T) \quad (2)$$

Die Analyse des Abflußbeiwertes ergab, daß φ zu Beginn des Niederschlags langsam ansteigt. Ist ein gewisser Sättigungsgrad des Bodens erreicht, wächst φ stärker, um sich schließlich dem Grenzwert $\varphi_g = 1$ asymptotisch zu nähern (BILD 4). Dieses Verhalten wird hinreichend durch die Funktion

$$\varphi(T) = D_0 (\arctan(D_1 \cdot T - D_2) + \arctan D_2) \quad (3)$$

beschrieben.

Für $T \to \infty$ strebt φ gegen 1, wodurch sich die folgende Beziehung zwischen D_0 und D_2 aufstellen läßt:

$$1 = D_0 (\pi/2 + \arctan D_2) \quad (4)$$

Diese Gleichung wird nach D_0 aufgelöst:

$$D_0 = \frac{1}{\pi/2 + \arctan D_2} \quad (5)$$

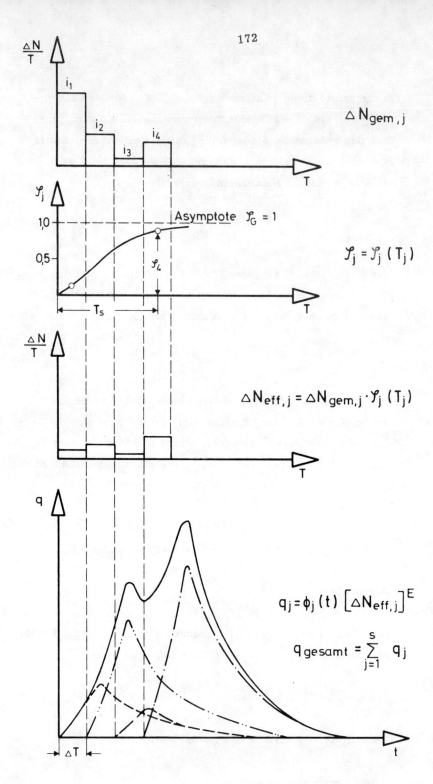

BILD 4: Prinzipskizze zum Rechengang des modifizierten UH-Verfahrens

Eingesetzt in die Funktion des Abflußbeiwertes erhält man die Funktion $\mathscr{f}(T)$, worin lediglich D_1 und D_2 zu bestimmende Parameter sind:

$$\mathscr{f}(T) = \frac{\arctan(D_1 \cdot T - D_2) + \arctan D_2}{\pi/2 + \arctan D_2} \qquad (6)$$

Es konnte festgestellt werden, daß D_2 eine Gebietskonstante ist. D_1 hingegen variiert mit den verschiedenen Ereignissen. Je größer D_1 ist, desto steiler wächst die Funktion ($\mathscr{f}$) an. Ein schnelleres Ansteigen des Abflußbeiwertes ist durch verschiedene physikalische Einflüsse zu erklären; Ursache kann z.B. eine hohe Bodenfeuchte aufgrund eines kurzfristig vorhergegangenen Ereignisses sein. Auch mit der Jahreszeit (unterschiedliche Vegetation) und dem Regentyp variiert D_1. Deshalb mußte D_1 als Funktion solcher Einflußgrößen dargestellt werden.

$$D_1 = d_o \cdot x_1^{d_1} \cdot x_2^{d_2} \ldots x^{d_n} \qquad (7)$$

Die Einflußgrößen werden durch die x_i zahlenmäßig ausgedrückt. Die allgemeine Funktion des Abflußbeiwertes liegt nun fest und der gemessene Niederschlag kann in abflußwirksamen überführt werden.

6. Die mathematische Funktion des Operators

Wirkt nun auf das System ein Signal wie in BILD 4 - hier wurde eine Intensitätsganglinie als Systemerregung gewählt, wobei die Intensität die erste Ableitung der Niederschlagsganglinie nach der Zeit ist - so wird eine Abflußganglinie wie in BILD 4 d als Systemantwort hervorgerufen. Betrachtet man ein kleines Intervall ΔT zum Zeitpunkt T_j

dann erzeugt dieses die Systemantwort q_j. Gemäß der eingangs erwähnten Abhängigkeit zwischen Systemerregung und Systemantwort kann für den Zeitpunkt T_j die allgemeine Aussage getroffen werden:

Antwort = Operator · Erregung zum Zeitpunkt T_j (8)

$$\Delta q_j = \phi (T_j - T_1) \quad \Delta N_j$$

Mit $\Delta N_j = 1$ ist die Systemantwort identisch mit dem Operator.

Da der Operator das System selbst kennzeichnet und da verschiedene Einzugsgebiete unterschiedliche Charakteristika aufweisen, muß die mathematische Funktion des Operators bei einer allgemeinen Niederschlags-Abflußbeziehung Parameter enthalten, in denen die charakteristischen Einflußfaktoren der Gebiete Ausdruck finden.

Wäre das System zeitinvariant, d.h. die Systemantwort $q(t)$ lediglich von der Systemerregung, nicht aber vom Erregungszeitpunkt abhängig, müßte gelten:

$$\phi = const. \qquad (9)$$

Dieser Fall ist beim UNIT-HYDROGRAPH-Verfahren angenommen worden. Allgemein ist aber vorauszusetzen, daß der Operator eine Funktion der Einflußgrößen x_i ist:

$$\phi = \phi (x_1, x_2 \ldots x_n) \qquad (10)$$

Damit wird jedem Niederschlagsereignis eine eigene Einheitsganglinie (UH) zugeordnet.

Bei der Betrachtung der UH-Formen ist ihre Ähnlichkeit mit dem Kurvenverlauf der Funktion

$$\phi = A \cdot t^B \cdot e^{-C \cdot t} \qquad (11)$$

(A, B, C sind Parameter, e = Euler'sche Zahl)
augenfällig. Will man nun einen zeitvariablen UH mit dieser Funktion beschreiben, so müssen A, B und C Funktionen der Einflußgrößen x_i sein.

Bei den Untersuchungen zeitigen die folgenden Ansätze die plausibelsten Ergebnisse:

$$A = a_o \cdot x_1^{a_1} \cdot x_2^{a_2} \ldots x_n^{a_n} \tag{12}$$

$$B = b_o \cdot b_1 \cdot \ln x_1 + \ldots + b_n \cdot \ln x_n \tag{13}$$

$$c = c_o \cdot B \tag{14}$$

Aus einer Analyse von ca. 110 Abflußereignissen aus 9 Einzugsgebieten ging hervor, daß die Systemantwort auf den Einheitsniederschlag ΔN_j = 1 mm hinsichtlich folgender Kriterien variierte:

1. mit dem Einzugsgebiet
2. mit jedem Ereignis
3. und auch während jeden Ereignisses.

Daher mußte die Analyse zur Ermittlung der Parameter A, B und C für jedes Einzugsgebiet und für jedes Ereignis getrennt durchgeführt werden. Im weiteren galt es sodann, den bisher nur mathematisch definierten Einflußfaktor x_i den richtigen physikalischen Bezug zu geben.

7. Die unabhängigen Einflußvariablen x_i

Mittels einer Regressionsanalyse wurden verschiedene Größen, von denen ein Einfluß auf das Abflußverhalten erwartet wurde, geprüft. Für die folgenden sechs Faktoren konnte ein signifikanter Einfluß festgestellt werden.

a) Jahreszeit　　　　　　　　　　WZ (als Wochenzahl ausgedrückt)

b) Bodenfeuchte　　　　　　　　q_A (ausgedrückt durch die Anfangsabflußspende)

c) im j-ten Intervall gemessener Niederschlag　　　ΔN_j

d) Gesamtniederschlagshöhe　　N

e) Zeitpunkt des j-ten Niederschlagsintervalls　　　T_j

f) Niederschlagssumme bis zum j-ten Intervall　　　$N_j - 1$

g) Gesamtniederschlagsdauer　T

Zwar war ihr Einfluß in den Funktionen (7), (12) und (13) unterschiedlich, wie aus den Korrelationskoeffizienten abgelesen werden konnte, jedoch trat jeder dieser Faktoren wenigstens einmal in den genannten Funktionen auf.

8. Das Modell

Damit sind der Operator, die ihn bestimmenden Faktoren und ihr funktionaler Zusammenhang festgelegt. Bei der Untersuchung dieser Abhängigkeiten wurde noch festgestellt, daß der Effektivniederschlag N_{eff} als Eingangssignal nicht linear eingeht, sondern mit einem etwas von 1 verschiedenen Exponenten E.

$$q(t) = \phi(t) \cdot \left[N_{eff}(T) \right]^E \quad (15)$$

Entsprechend dem UH-Modell bezieht sich (15) zunächst nur auf einen Einheitsimpuls der Dauer ΔT. Zerlegt man ein Niederschlagsereignis der Dauer T_N in s Intervalle T mit

mit den Niederschlagshöhen ΔN_j (j = 1, 2, ..., 5), so erzeugt jeder dieser Teilniederschläge eine Teilabflußganglinie $q_i(t)$, die sich aus (15) ergibt. Summiert man diese $q_i(t)$ - zeitgerecht um jeweils T versetzt -, erhält man die gesuchte Abflußspendenganglinie q (t).

$$q(t) = \sum_{j=1}^{s} A_j \cdot \left[t - (j-1)\right] \cdot \Delta T^{B_j} \cdot e^{-c_j\left[t-(j-1)\right] \cdot \Delta T}$$

$$\cdot \left[\mathscr{S}_j(T_j) \cdot \Delta N_{gem}\right]^E \tag{16}$$

mit den Funktionen (6), (7), (12), (13), (14)

In (16) gilt

für $t \leq (j-1) \cdot \Delta T$ ist $t - (j-1) \cdot \Delta T = 0$ \hfill (17)

In BILD 4 sind die einzelnen Schritte zur Bestimmung der Abflußganglinie aus den Niederschlägen anschaulich dargestellt.

9. Analyse

Im folgenden liegt nun die Aufgabe vor, das Modell für ein bestimmtes Einzugsgebiet zu "eichen", d.h. den in (16) enthaltenen Konstanten a_i, b_i, d_i, D_o, E die für dieses Gebiet zutreffenden Beträge zuzuordnen. Dazu benötigt man einige Messungen des Niederschlags und den zugehörigen Abflüssen, mindestens von drei, besser aber von mehr Ereignissen. Damit können die Parameter durch eine Ausgleichungsrechnung nach der Methode der kleinsten Quadrate bestimmt werden. Diese Arbeit und eine zeichnerische Gegenüberstellung der gerechneten und gemessenen Abflußganglinie leistet ein Programm in FORTRAN - IV. Eingelesen werden die in Abschnitt 8. aufgezählten Variablen, wobei noch einige die Abflußganglinien beschreibende Größen, wie Zeitpunkt und Größe des Spitzenabflusses, Ende der Abflußwelle und dergleichen mehr zugefügt werden.

Neben den Parametern können auch die zugehörigen Korrelationen ausgedruckt werden, um sich ein Urteil zu bilden, ob ein bestimmter Parameter Einfluß ausübt. Darüber hinaus gibt die Rechnung Auskunft über die Genauigkeit des erzielten Ergebnisses, indem der mittlere Fehler und die Deviation angegeben werden.

10. Genauigkeit der Ergebnisse

Wie schon erwähnt, wurde das Modell aufgrund von Meßreihen aus neun Einzugsgebieten entwickelt und darauf angewendet. Die berechneten Ganglinien von Hochwasser wurden hinsichtlich der

      a) Spitzenordinate
      b) Abflußfracht
      c) Formtreue

mit den gemessenen verglichen. Nach der Spitzenordinate richtet sich hauptsächlich der Gewässerausbau. Die Abflußfracht ist in Verbindung mit der Spitzenordinate von großer Bedeutung für die Planung und Steuerung von Rückhaltebecken. Die Formtreue wird durch die in letzter Zeit häufig angeführte hydrologische Deviation ausgedrückt (7). Sie ist ein Maß für die Ähnlichkeit zweier Kurven. In diesem Fall werden gemessene und gerechnete Ganglinie gegenübergestellt. Die Zahlenwerte der Deviation gestatten die folgende Klassifizierung:

      0 - 3   sehr gut
      3 - 10   gut
      10 - 18 noch brauchbar.

Neben dem hier entwickelten, modifizierten UH-Verfahren wurde das herkömmliche UH-Verfahren angewendet. Der Abflußbeiwert, der dabei normalerweise geschätzt wird, was zu erheblichen Ungenauigkeiten führen kann, wurde diesmal nach neu entwickelten Funktionen (6) gerechnet, um beide Verfahren überhaupt vergleichbar zu machen.

In BILD 5 sind die Ergebnisse einander gegenübergestellt.

	UH-Modell	Mod.UH-Modell	rel.Genauigkeitsgewinn
mittlere relat. Genauigkeit bei d.Bestimmung d. ABFLUSSFRACHT	± 11 %	± 10 %	39,5 %
mittlere relat. Genauigkeit bei d.Bestimmung d. SPITZENORDINATE	± 29 %	± 18 %	8,3 %
mittlere hydrol. DEVIATION	11	6	46,3 %

BILD 5: Die Genauigkeit des herkömmlichen UH- und des modifizierten UH-Verfahrens

Mit Ausnahme der Abflußfracht konnte mit dem modifizierten Verfahren eine signifikante Genauigkeitssteigerung (Prüfung durch t-Test (5)) gegenüber dem herkömmlichen UH-Verfahren erreicht werden. In Anbetracht der Tatsache, daß die Ausgangsdaten von Niederschlag und Abfluß erheblich verfälscht sein können, selbst bei ausgewählten Niederschlagsereignissen kann die Unsicherheit 20 % und mehr betragen, erscheint die erzielte Genauigkeit von 17,5 % für die Spitzenordinate und 10,5 % für die Abflußfracht für die Vorhersage von Abflußereignissen ausreichend zu sein.

11. Einige Beispiele

An einigen Bildern soll für verschiedene Einzugsgebiete gezeigt werden, mit welcher Güte die gemessenen Hochwasserganglinien mit diesem Modell approximiert werden können. In BILD 6 und BILD 7 sind je eine Abflußganglinie nach einem kontinuierlichen Regen, gemessen und gerechnet, dargestellt. Die Gewässer sind der Schwarzenbach (Schwarzwald) und die Oker (Harz).

Auf den beiden folgenden BILDERN 8 und 9 vom Einzugsgebiet der Schutter bzw. Rench handelt es sich um größere Ereignisse mit zwei bzw. drei Unterbrechungen des Niederschlags. In den Regenpausen geht auch der Abfluß zurück, um dann mit neu einsetzendem Niederschlag wieder steil anzusteigen. Der Abflußgang ist damit durch mehrere Spitzen charakterisiert. Auch dieser Vorgang wird in ausreichender Form durch das Modell simuliert.

Der starke Abfall der berechneten gegenüber der gemessenen Ganglinie ist auf die Verwendung der e-Funktion im Operator zurückzuführen. Er ist eigentlich symptomatisch für dieses Modell. Diese Eigenart ist aber für die Praxis von untergeordneter Bedeutung, weil hier hauptsächlich die möglichst genaue Wiedergabe des ansteigenden und des Spitzenbereiches interessiert.

12. Anwendungsmöglichkeiten des Modells

Hat man aufgrund einiger bekannter Niederschlag-Abflußereignisse die Konstanten des Modells für ein zu untersuchendes Gebiet ermittelt, kann man beispielsweise folgende Berechnungen anstellen:

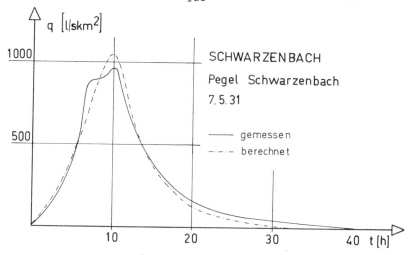

BILD 6: Synthesebeispiel für die Anwendung des modifizierten UH-Verfahrens: Abflußganglinie mit 1 Spitze.

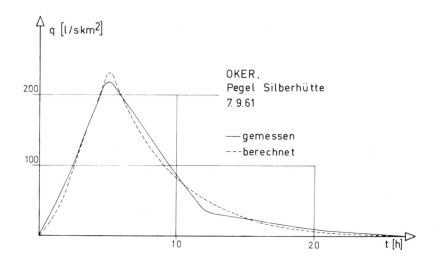

BILD 7: Synthesebeispiel für die Anwendung des modifizierten UH-Verfahrens: Abflußganglinie mit 1 Spitze.

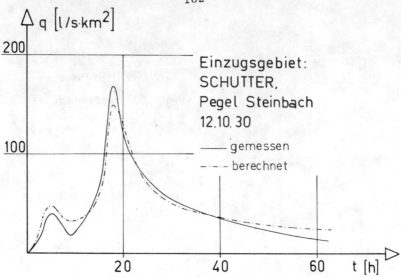

BILD 8: Synthesebeispiel für die Anwendung des modifizierten UH-Verfahrens: Abflußganglinie mit 2 Spitzen.

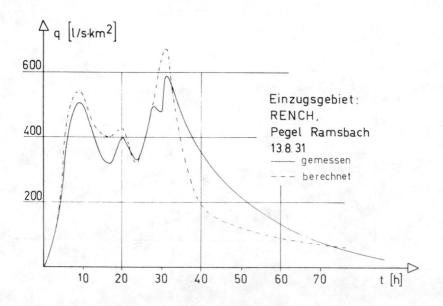

BILD 9: Synthesebeispiel für die Anwendung des modifizierten UH-Verfahrens: Abflußganglinie mit 3 Spitzen.

1. Prognose maximaler Hochwasserganglinien, basierend auf den Ergebnissen einer Niederschlagshäufigkeitsanalyse. Die Daten sind für den Gewässerausbau und die Planung und Bemessung von Rückhaltebecken von außerordentlicher Bedeutung. Mittelbar ist die Kenntnis vom Abflußverhalten eines Einzugsgebietes auch von Wichtigkeit für die Regional- und Stadtplanung, die wechselseitigen Einfluß aufeinander haben.

2. Laufende Vorhersage des Hochwasserganges <u>während</u> eines Niederschlagsereignisses. Damit können - unter Ausnutzung der Laufzeit der Welle - noch rechtzeitig Dispositionen getroffen werden, wie z.B. <u>Steuerung von Rückhaltebecken.</u>

3. Konstruktion fiktiver Hochwasserganglinien für <u>verschiedene</u> Einzugsgebiete aufgrund <u>einheitlicher</u> Niederschläge und anderer - das Abflußgeschehen beeinflussender - <u>einheitlicher</u> Faktoren.
Die Unterschiedlichkeit dieser fiktiven Ganglinien muß dann auf die verschiedenen Gebietscharakteristika zurückgeführt werden. Aus der Gegenüberstellung der Gangliniendifferenzen und der Gebietsmerkmale könnte dann eine Relation ermittelt werden, die es gestattet, auch <u>ohne vorliegende Meßwerte für ein Gebiet eine Abflußprognose</u> zu erstellen.

13. Rechentechnik

Zur Durchführung der Analyse ist eine Großrechenanlage in der Größenordnung der IBM 370/165 erforderlich.

Die Rechenzeit ist abhängig von der Anzahl der zur Verfügung stehenden gemessenen Ereignisse und der Stützstellen sowie der Güte der ersten Näherungswerte der mathematischen Parameter.

Zur Prognose genügt ein Kleincomputer der Größenordnung einer OLIVETTI P 203.

LITERATURVERZEICHNIS

(1) Unbehauen: Systemtheorie. R. Oldenbourg.

(2) Fahlbusch, F.: Hydrologische Begriffe, Methoden und Modelle, betrachtet vom Standpunkt der Systemtheorie. In: Die Wasserwirtschaft, 1971/H. 4.

(3) Wolf, H.: Die Ausgleichsrechnung nach der Methode der kleinsten Quadrate. Ferd. Dümmlers-Verlag. Bonn 1968.

(4) Mendel, G.: Eigenschaften der Oberflächenabflußganglinie und ihre analytische Beschreibung.

(5) Korsten, E.: Die Bestimmung eines mathematischen, zeitvariablen, nichtlinearen Niederschlag-Abfluß-Modells mittels Ausgleichsrechnung nach der Methode der kleinsten Quadrate. Dissertation. Institut für Städtebau, Siedlungswesen und Kulturtechnik der Universität Bonn. Bonn 1972.

(6) Sherman, L.K.: Stream-flow rainfall by unit-graph method. Eng. News-Record, Vol. 1., Nr. 1.

(7) Schultz, G.D.: Bestimmung theoretischer Abflußganglinien durch elektronische Berechnung von Niederschlagskonzentration und Retention (HYREUN-Verfahren).
Versuchsanstalt für Wasserbau der Technischen Hochschule München, Oskar-v.-Miller-Institut, Bericht Nr. 11. München 1968.

Heinrich Richard

GEDANKEN ZUR DIDAKTIK
IM STUDIENFACH RAUMPLANUNG

Hochschuldidaktik wird hier als Praxis des Umgangs mit Studenten in Forschung und Lehre verstanden, aber nicht nur als Optimierung des Leistungszuwachses durch geschickte Anordnung bestimmter Lehrverfahren, sondern als Gesamtheit der wissenschaftsrelevanten Kommunikation. Die Raumplanung wird hier nicht nur als Addition der Arbeiten verschiedener Fachplanungen verstanden, sondern in der Raumplanung - wie sie hier gesehen wird - soll vielmehr jede Fachplanung in jede andere Fachplanung integriert werden, d.h. die Analyse des Bestandes und die Entwicklungsvorstellungen müssen nicht nur von einer speziellen Disziplin erarbeitet, sondern sie müssen auch aus der Sicht der anderen Fachplanungen abgeleitet werden. Solche komplexen Planungsprozesse - ob als Raumordnung des Bundes, als Landesplanung oder als kommunale Planung -, die für Bevölkerung und Besiedlung, Bildung und Kultur, Gesundheit und Freizeit, Wirtschaft, Verkehr, Versorgung, Verwaltung und nicht zuletzt für die natürlichen Grundlagen langfristig menschenwürdige Entwicklungen festlegen, können nicht von <u>einem</u> alle Fachsparten beherrschenden Raumplaner aufgestellt werden, sie müssen vielmehr von einem Team von Fachleuten erarbeitet werden, die neben ihren Spezialkenntnissen einen guten Überblick über den gesamten Bereich der Raumplanung haben. Der Raumplaner, sei er Architekt, Bauingenieur, Geodät, Landespfleger, Agraringenieur, Wirtschaftswissenschaftler oder auch Sozialwissenschaftler, muß ein Fachmann sein, der die Fähigkeit besitzt, in seinem Fachgebiet raumplanungsrelevante Teilbereiche im Team mit anderen Fachleuten zu analysieren, zu planen, dem Politiker und Bürger verständlich zu machen, zu verwirklichen, zu überwachen und zu verwalten und in der Lage ist, Verfahren und Systeme seines Fachgebietes durch Forschung weiter zu entwickeln. Er sollte also durch schöpferisch-geistige Tätigkeit in methodischer, systematischer und nachprüfbarer Weise neue Erkenntnisse gewinnen, d. h. erforschen können und er muß die Grundzüge einer Ordnung vorwegdenken und alle mitwirkenden Faktoren - insbesondere die den Menschen kurz- und langfristig betreffenden - mit hinreichender Sicherheit überschauen können, d. h. er muß planen können.

Ohne Zweifel lassen sich die vorgenannten Eigenschaften leichter in den technischen und ökonomischen als in den gestalterisch und sozialwissenschaftlich orientierten Fächern erreichen. Wenn auch vom Umfang her gesehen der Ingenieur den Hauptteil der Planungsarbeit bewältigen muß, so sollten doch die rationalen und emotionalen Bereiche des "Technisch-Funktionalen", des "Ästhetisch-Gestalterischen", des "Sozialen und Natürlichen" und des "Ökonomischen" mehr oder weniger gleichwertig die Leitgedanken der Planungsinhalte beeinflussen.

Die o. a. wünschenswerten Fähigkeiten von Raumplanern sollen an der Hochschule weitgehend von den Lehrenden (Hochschullehrer und wissenschaftliche Mitarbeiter) an die Lernenden (Studenten) über die Hochschuldidaktik vermittelt werden. Dabei gibt es folgende Einschränkungen: begrenzte Zeit, begrenzte personelle und sachliche Mittel und die unbekannten persönlichen Eigenschaften der Studenten, deren Kenntnis für eine erfolgreiche Kommunikation von großer Bedeutung ist. Schließlich hat auf der Seite der Lehrenden auch nicht jeder hochqualifizierte Wissenschaftler von Natur aus besondere pädagogische und führungstechnische Fähigkeiten. Theoretisch müßten alle diese Einschränkungen ausgeschaltet werden, wenn man zu vollem Ausbildungserfolg kommen will. Da aber die hierfür notwendigen Mittel und hochschuldidaktischen Kenntnisse nicht bekannt sind, müssen wir, wie vielfach auch in der Raumplanung, nicht auf die Erkenntnis des Optimalen warten, sondern das, was gegenüber dem bisherigen Zustand eine Besserung bringt, zu verwirklichen suchen.

Den bisherigen Zustand kann man so darstellen: Die Menge dessen, was der Student eigentlich wissen muß, ist in den letzten Jahren rapide gestiegen, damit oft auch die Zahl der Vorlesungen. Der Student wird zum Sammler, er trägt vier Jahre lang mehr oder weniger unverdaute "wissenschaftliche Erkenntnisse" zusammen, fertigt eltiche Übungen an, um dann mit bis zu psychosomatischen Störungen gesteigerter Prüfungsangst aus der Menge seiner Unterlagen einiges zu lernen, mit dem er sich dem mehr oder weniger großen Ermessensspielraum der Prüfer unterwirft. Meistens besteht er dann sein Examen besser als erwartet, ohne daß jemand mit Bestimmtheit behaupten kann, daß der frisch gebackene Akademiker die Fähigkeiten besitzt, die ihm mit dem Zeugnis als Nachweis bescheinigt werden und mit denen er später Anspruch auf eine mehr oder weniger attraktive Besoldungsgruppe hat.

Um diese Zustände zu verbessern, muß die Hochschuldidaktik der Raumplanung in gemeinsamer Arbeit von Lehrenden und Lernenden sorgfältig geplant und ständig weiterentwickelt werden. Der nachfolgend beschriebene Vorschlag geht nicht auf die von Fach zu Fach verschiedenen Lehrinhalte ein, er soll vielmehr bei heutigen Hochschulverhältnissen einen geeigneten Weg der Methodik der Raumplanerausbildung darstellen; er faßt Erfahrungen zusammen, die in den letzten Jahren im Institut für Städtebau, Siedlungswesen und Kulturtechnik der Universität Bonn gesammelt werden konnten.

Am Studienbeginn, in der Übergangsphase von der Schule zur Universität empfiehlt es sich, zunächst die theoretischen und praktischen Grundlagen für die später mehr wissenschaftlich orientierten Arbeiten zu vermitteln, dabei soll auch der von Student zu Student unterschiedliche Kenntnisstand in den mathematisch-naturwissenschaftlichen Fächern ausgeglichen werden können. Um gleich ein fachbezogenes Interesse zu wecken und den Eindruck zu vermeiden, an der Universität gehe es genau so vor sich, wie in der Schule, werden die Studenten in den ersten 2 - 3 Tagen des Studiums mit den Einrichtungen ihres Fachbereichs, mit den Lehrenden und mit den Studien- und Forschungszielen in den verschiedenen Instituten bzw. Abteilungen bekannt gemacht. Hierbei werden von den möglichen beruflichen Tätigkeiten ausgehend die Hauptlehrinhalte umrissen und von diesen ausgehend wird eine Begründung für die theoretischen und praktischen Grundlagenstudien der ersten Semester gegeben. Neben dieser Einführung sollten Lehrplan, Studienplan, Studienordnung, Prüfungsordnung und die Studienberatung dazu beitragen, daß der Student sich in seinem neuen Tätigkeitsfeld zurechtfindet und wohlfühlen kann. Während der ersten Semester wird der Student dann von der reinen Lerntätigkeit zum mehr oder weniger selbständigen Studium (in Übungen) geführt. Dazu wird ihm angeboten, mit einer Einführung in die Arbeitswissenschaft die Methode seiner Arbeitsweise zu analysieren und effektiver zu gestalten.

Während der Student bis zum Vorexamen ähnlich wie in der Schule, Grundlagenwissen lernt und dieses mit und ohne Anleitung übt, ändert sich nach dem Vorexamen die Didaktik erheblich. Folgende Grundprinzipien finden dann Anwendung:

1. Im praxisverbundenen forschenden Lernen erarbeitet der Student Forschungsprobleme, die aus praktischen Planungsaufgaben abgeleitet sind, mit dem Ziel, daß die Ergebnisse wiederum für die Praxis verwendbar sind.

2. Die Studienarbeiten werden meistens im Team durchgeführt, das sich aus Studenten und wissenschaftlichen Mitarbeitern zusammensetzt. Die Anleitung zur Teamarbeit spielt dabei eine wichtige Rolle, da viele Studenten auch das Arbeiten im Team erst lernen müssen.

3. Die Anleitung der Studenten erfolgt durch gezielte Herausforderung im Gespräch, denn etwas Druck erhöht bekanntlich Leistung und Kreativität. Diese Art des Leistungsanreizes trägt weitgehend dazu bei, daß Erfolge sichtbar gemacht werden und daß die Prüfungsangst abgebaut wird.

4. Bei der Vermittlung von Wissensstoff wird in der Regel von aktuellen Problemen, die dem Studenten bekannt sind, ausgegangen und dann wird nach dem Prinzip des genetischen Lernens der Entwicklungsprozeß, der zu dieser Problematik geführt hat, nachvollzogen und schließlich, auf die Zukunft gerichtet, weiterentwickelt. Dieses Prinzip wirkt interesseweckend, da man sich besonders die Informationen merken kann, die man mit bestehenden Eindrücken und Meinungen in Verbindung zu bringen vermag.

Die didaktischen Elemente, mit denen gearbeitet wird, sind:

1. Vortrag mit Demonstrationen (Ton, Bild, praktische Anschauung,
2. Gespräch,
3. Methoden-Training
4. Persönliche Information.

Grundprinzipien und didaktische Elemente werden zu verschiedenen Lehr- und Lernmethoden kombiniert.

Vorlesungen vermitteln geordnet und zusammengefaßt die notwendigen Grundlagen und vor allem die neuesten Erkenntnisse. Die Teile der Vorlesungen, die zum Verständnis der neueren Erkenntnisse in jedem Studienjahr gleichbleibend gebracht werden müssen, werden den Studenten in sog. Lehrumdrucken oder Skripten an die Hand gegeben. Oft werden die Vorlesungen und Vorträge auch durch Demonstrationen an Geräten, durch Karten, Zeichnungen, Dias, selten in Filmen, in ihrer Assagekraft verstärkt. Zuweilen werden in Vorlesungen auch kurze Diskussionen veranstaltet, um Unklarheiten zu vermeiden.

In Übungen sollen die Studenten unter der Anleitung von wissenschaftlichen Mitarbeitern die in den Vorlesungen und in der ergänzenden Literatur dargelegten Methodenkenntnisse verarbeiten und anwenden.

In Seminaren werden von Studenten fachbezogene Kurzreferate gehalten und zur Diskussion gestellt. Die Lehrenden leiten die Diskussion so, daß alle zuhörenden Studenten sich beteiligen. Denn nur so kann das wissenschaftliche Fachgespräch geübt werden.

Zur Lösung von Planungsaufgaben gibt es die Übungsform "Kompaktübung". Dabei erarbeiten 15 bis 20 Studenten nach einem vorgeschlagenen Zeitplan in kleinen Gruppen zu je 2 bis 3 Personen für ein praktisches Planungsproblem eine Lösung. Die Studenten werden während der ganzen Zeit fachlich und methodisch angeleitet. Einer solchen Kompaktübung gehen meistens eine Reihe von übungsbezogenen Vorträgen voraus. Der Zeitraum für eine solche Übung ist in der Regel mit 8 bis 14 Tagen angesetzt. Sie werden in der vorlesungsfreien Zeit durchgeführt. Während die Studenten herkömmliche Übungen allein durchführen, können in der räumlichen und zeitlichen Zusammenarbeit in der Kompaktübung die Probleme sehr viel intensiver, ergiebiger und

sofort bei ihrem Auftreten diskutiert und gelöst werden.
Die Betreuer können sich dabei ganz auf die jeweilige Studentengruppe konzentrieren.

Mit der Diplomarbeit soll exemplarisch eine selbständige praxisbezogene, wissenschaftliche Leistung vorgelegt werden. Diplomarbeiten, die i. d. Regel Teilprobleme aus Forschungsprojekten behandeln, werden allein oder zu zweit und auch in Projektgruppen, die aus mehreren Zweiergruppen bestehen, bearbeitet. Die Diplomarbeiten werden von Hochschullehrern und von wissenschaftlichen Mitarbeitern betreut. Der Diplomkandidat steht mit seinem "Betreuer" in ständigem Kontakt, damit dieser ggf. den Fortgang der Arbeit steuern kann. Bei Projektgruppen kann dieser Kontakt auch durch Diplomandenseminare herbeigeführt werden.

Das programmierte Projektstudium ist eine Lehrveranstaltung, bei der ein bereits fertiges Projekt in verschiedenen Schritten durchgespielt wird, in dem zu den einzelnen Phasen des Planungsprozesses "im Zeitraffertempo" Entwürfe ausgearbeitet und mit dem entsprechenden Abschnitt des fertigen Projekts kritisch verglichen werden. Auf diese Weise wird ein komplexer Prozeß geübt. Hierbei können zugleich der persönliche, fachliche Einsatz im Team, die schöpferischen Fähigkeiten und die Fachkenntnisse zum Ausdruck gebracht werden. (Diese Lehrveranstaltungsform wurde bisher nur in Fortbildungsseminaren angewendet. Experimente für das Studium sind in Vorbereitung).

In Kolloquien werden in der Regel von außenstehenden Fachleuten Vorträge gehalten, die dann im Kreise der dem Fachbereich angehörenden Wissenschaftler und Studenten und von Fachleuten aus der Praxis diskutiert werden. Sie dienen der allgemeinen Fachinformation.

Exkursionen, die als eintägige bis mehrwöchige Fahrten durchgeführt werden, dienen dazu, die mehr oder weniger abstrakten Lehrinhalte zu veranschaulichen, z. B. in der Besichtigung von Planungsbeispielen, den Kontakt zwischen Hochschule und Praxis im Gespräch und in der Anschauung zu verbessern und den für sinnvolles Zusammenarbeiten notwendigen Kontakt unter den Studenten und der Studenten mit den Hochschullehrern und wissenschaftlichen Mitarbeitern zu entwickeln.

Einer der wichtigsten Teile der mit dem Studium verbundenen Arbeiten ist das private Studium. Im Rahmen des privaten Studiums erwarten den Studenten eine Fülle von Aufgaben:

1. der Student muß sich in der Regel noch eine Arbeitsmethode aneignen, mit der er die Aufgaben des Studiums in angemessener Zeit bewältigen kann;

2. Gedankengänge aus Vorlesungen, Übungen und Seminaren müssen zum klaren Verständnis u. U. noch einmal durchgearbeitet werden;

3. der Student muß sich aus der Menge der Informationen ein Gedankengebäude entwickeln, in das er seine fachlichen Informationen, eigenen Ideen und Erfahrungen sowie Anregungen Dritter einordnen kann, um sie bei der Lösung von Problemen greifbar zu haben;

4. er muß ständig üben, Fachprobleme allein oder mit anderen in Fragen zu stellen, zu lösen und die Lösungen greifbar zu speichern;

5. er muß sich dazu leicht nutzbare Informationsspeicher in Form von Karteien oder systematisch geordneten Akten anlegen.

6. er muß in der Gruppe üben, Gedankengänge in Wort und Bild möglichst anschaulich dazustellen;

7. er sollte durch Gespräche mit Personen aus der Praxis und durch kritische Beobachtungen seiner Umwelt Erfahrungen sammeln;

8. er muß ständig durch Wiederholungen seine Kenntnisse auffrischen.

9. er muß erkunden, welches Tätigkeitsfeld in Abhängigkeit von den eigenen Fähigkeiten und den Berufsaussichten für ihn persönlich das geeignete ist;

10. er sollte sich ständig Gedanken über Art und Umfang seiner Studien machen und gegebenenfalls den Mitbetroffenen, d. h. den Lehrenden und Mitstudierenden, Verbesserungsvorschläge unterbreiten;

11. schließlich muß der Student seine Allgemeinbildung und die Entfaltung seiner Persönlichkeit ständig weiterentwickeln;

12. nicht zuletzt muß der Student lernen, seine eigene Arbeit in ihrer Auswirkung auf die Gesellschaft zu sehen und zu verantworten.

Die privaten Studien sollten ergänzt werden durch <u>freiwillige Testübungen,</u> in denen das schöpferische Denkvermögen, die Anwendung von Methoden, das Verständnis und das Vortragen von Gedanken und die zügige Einarbeitung in kleine Poblemfelder trainiert wird.

Das <u>Praktikum</u> soll dem Studenten einen ersten Einblick in die berufliche Tätigkeit des Raumplaners vermitteln. Daraus ergibt sich, daß der Praktikant möglichst viele Aspekte der Planung kennenlernen soll, um früh genug die Richtigkeit seiner Studienwahl noch einmal überdenken zu können, und um sein Studium vor dem Hintergrund praktischer Erfahrungen und der Erfordernisse der späteren beruflichen Tätigkeit durchführen zu können.

Bei sinnvoller Kombination dieser Lehr- und Lernformen wird der Student im Laufe seines Studiums eine fachliche Sicherheit erreichen, weil er schon mehrfach übergreifende Probleme bearbeitet hat und die Erfahrung persönlichen Erfolges in Übungen, Seminarvorträgen, Diplomarbeit und Fachdiskussionen gemacht hat.

Da die Zeit, die der Student für sein Studium hat, begrenzt ist - für ein 8-semestriges Studium ohne Praktikum kann man etwa 6.000 Stunden ansetzen -, müssen die angesetzten Lehrveranstaltungen nicht nur vom Inhalt her, sondern auch nach ihrer Methodik zeitlich gewichtet werden.

Auf die inhaltsbezogene zeitliche Gliederung nach Einzelfächern kann hier - wie schon gesagt - nicht eingegangen werden, da diese für jede an der Raumplanung beteiligte Studienrichtung verschieden ist. Die Lehr- und Lernformen sollten mit den in TABELLE 1 dargestellten Zeitanteilen angewendet werden.

Ein nach diesem Zeitbudget ausgerichtetes Lehrangebot erfordert ein erhebliches zeitliches Engagement der Lehrenden, die neben den Lehrveranstaltungen auch die Unterlagen für Vorlesungen, Übungen und Seminare vorbereiten und ständig auf neuestem Stand halten müssen. Wenn dazu noch Forschung möglichst mit praktischen Beispielen, wissenschaftliche Kommunikation mit Kollegen und anteilig die Selbstverwaltung der Universität bewältigt werden soll, scheinen derartige hochschuldidaktische Forderungen unrealistisch zu sein. In der Raumplanung - und vielleicht auch in anderen Bereichen -

Nr.	Lehr- und Lernformen	Anwendung der didaktischen Elemente				Studienzeit	
		Vortrag	Gespräch	Methodentraining	pers. Information	Stunden	%
1	Vorlesungen					1500	25
2	Übungen					900 *	15
3	Seminare					450 *	7,5
4	Kompaktübungen					450 *	7,5
5	Diplomarbeit					600	10
6	Diplomandenseminar					240	4
7	Programm. Projektstudium						
8	Kolloquien					60	1
9	Exkursionen					240 *	4
10	Privates Studium					1200	20
11	Freiwillige Testübungen					360	6
	Summe					6.000	100
12	Praktikum						

1/2 Jahr vor dem Studium

Aktivität: Lehrende / Lernende
viel / mittel / etwas

* die Studienzeiten beinhalten die Vorbereitungszeiten

Tabelle 1   Lehr- und Lernformen • didaktische Elemente und Zeitplanung

brauchen Lehre, Forschung und Bearbeitung praktischer Beispiele nicht organisatorisch und zeitlich voneinander unabhängig zu sein, sie können hier überlagert werden.

Mit Diplomarbeiten und Übungen nach der Methode des praxisverbundenen forschenden Lernens kann ein Teil der Forschungsarbeit geleistet werden, so daß sich der Sachbearbeiter infolge dieser Entlastung intensiv der Anleitung und Betreuung der mit ihm in einem Team arbeitenden Studenten widmen und mit ihnen auch den gesamten Komplex von praktischer und theoretischer Arbeit diskutieren kann. Die mit derartigem lehr- und forschungsökonomischen Vorgehen erreichte Überlagerung von Lehre, Forschung und praktischer Tätigkeit wirkt bei geschickter Organisation gegenüber völlig paralleler Bearbeitung der drei Tätigkeitsfelder abgesehen von den didaktischen Vorteilen des kombinierten Verfahrens zeitersparend. Deshalb kann manche hochschuldidaktische Forderung doch in die Tat umgesetzt werden, wenn die Reformbereitschaft bei dem wissenschaftlichen Personal zu solcher Hochschuldidaktik und Forschungsmethodik vorliegt.

Herbert Strack

GRUNDSÄTZE FÜR DIE ERSCHLIESSUNGSPLANUNG

Am 25.9.1972 hat der Bundesminister für Städtebau und Wohnungswesen den Ländern die Einführung der RAST-E empfohlen, der "Richtlinien für die Anlage von Stadtstraßen - Teil: Erschließung" (1), die von der Forschungsgesellschaft für das Straßenwesen nach langer Bearbeitungszeit vorgelegt worden war. Die "Einführung" der RAST-E bedeutet, daß Städte und Gemeinden die Richtlinie allen städtebaulichen Projekten zugrunde legen sollen. In der RAST-E werden "vornehmlich Verkehrsanlagen im Rahmen der Erschließungsplanung in Neubaugebieten" behandelt; bei Sanierungsmaßnahmen und beim Umbau bestehender Erschließungsanlagen sollen die "Richtlinien sinngemäß" angewandt werden.

Faßt man die Einleitung zur RAST-E in einem Satz zusammen, so kann man sagen: die RAST-E behandelt das Thema "Verkehr im Städtebau", sie gibt Grundsätze an für die Gestaltung der Straßen- und Wegenetze in den Gemeinden, wobei der Komplex "öffentlicher Personen-Nahverkehr" entsprechend dem Aufbau der Gesamt-RAST nur gestreift werden konnte (2).

Man ist mit Recht gespannt darauf, was diese RAST-E eigentlich bietet. Ist sie ein Lehrbuch für den Bau kommunaler Straßen, das von der Netzplanung bis zur baulichen Gestaltung der Bordrinne alles das behandelt, was Verkehrsplaner zum Städtebau beitragen können? Ist sie ein Kochbuch, das für alle gängigen Probleme Rezepte anbietet, die Architekten und Ingenieure suchen? Oder ist sie am Ende gar nur ein Kompendium einschlägiger Gesetze, Verordnungen und Normen, die zum Thema "Verkehr im Städtebau" Bezug haben?

Aus den einleitenden Worten geht hervor, daß die RAST-E
weder Kochbuch noch Vorschriftenkompendium sein will und
kann. Angesichts des Umfanges - 35 DIN-A 4 Seiten, zwei-
spaltig bedruckt, einschließlich Bildern und Tabellen - wird
auch klar, daß es sich kaum um ein Lehrbuch handeln kann.
Die RAST-E bietet vielmehr Grundsätze für die Erschließungsplanung und für die Verkehrserschließung von Baugebieten;
sie gibt Grunddaten für die Bemessung von Verkehrsanlagen,
bringt Einzelheiten zum Entwurf dieser Anlagen und schließlich Hinweise zu Versorgungsanlagen und Grünflächen, soweit
diese für Verkehrsanlagen von Bedeutung sind. Mit anderen
Worten: es wurde versucht, die Grenzwerte zusammenzustellen,
die man heute als wissenschaftlich gesichert und empirisch
erprobt zum Komplex "Verkehrserschließung" nennen kann. Schon
in der Einleitung wird allerdings offen darauf hingewiesen, daß
"nicht immer Bemessungsgrößen angegeben werden können",
weil der Stand unseres Wissens einfach noch zu viele Lücken
offen lasse. Hervorzuheben ist, daß man sich nicht darauf beschränkt, Regeln für die Bemessung von Fahrbahnbreiten,
Parkständen oder Ausrundungshalbmesser für Straßeneinmün-
dungen anzugeben. Wesentlich ist vielmehr, daß versucht wurde,
über das mehr oder weniger begrenzte Feld der Verkehrsplanung
hinauszuschauen und auf allgemein-städtebauliche Grundsätze
hinzuweisen. Die Richtlinien bezwecken demnach zweierlei:
sie sollen den "Verkehrsplaner" auf die übergeordneten Zusammenhänge hinweisen und dem Ortsplaner mit den technischen Ge-
setzmäßigkeiten der Stadtstraßenplanung vertraut machen.

Mit Sicherheit darf man mit Kritik an der RAST-E rechnen.
Dem einen ist der Grundsatzteil zur Erschließungsplanung viel
zu kurz geraten, der andere wird sich deshalb beschweren,
weil gerade dieser Teil ihm zu enge Fesseln anlege. Manche
Planer suchen vergeblich nach Detailangaben etwa für die Bemessung bestimmter Knotenpunkte, andere wünschen sich mehr
Spielraum für ihre Entwürfe. Es dürfte das Los jeder erstmals

veröffentlichten Richtlinie sein, daß man sie auf diese oder jene Art und Weise kritisiert, daß man Streichungen und Zusätze verlangt.

In den folgenden Ausführungen möchte ich versuchen, die Grundsätze für die Erschließungs- und Straßennetzplanung zu kommentieren, die der RAST-E zugrundeliegen.

Hinsichtlich der Standortwahl verlangt die RAST-E Rücksichtnahme auf großräumige Planungen und bei größeren Siedlungsentwicklungen auf Verdichtungs- und Entwicklungsachsen. Auf die Bedeutung des ÖPN wird ausdrücklich hingewiesen. Sehr eindringlich ist vor Umweltgefährdungen gewarnt. Die Beeinträchtigung durch Geräusche, Staub, Abgase und Erschütterungen, die der Verkehr mit sich bringt, können "die Nutzung der benachbarten Flächen einschränken"; Schutzmaßnahmen oder alternative Planungen sind dann unabdingbar.

Die Standortwahl und damit die Frage der äußeren Erschließung wird in der RAST-E ausdrücklich unter übergeordneten, nicht nur rein verkehrsplanerischen Aspekten gesehen. Man könnte den Inhalt dieses Abschnitts auf die Kurzformel bringen, daß unter Wahrung der Zielsetzung übergeordneter Planungen dem Umweltschutz, der Sorge um die Erhaltung der "Qualität des Lebens" ebenso große Bedeutung zukommen soll, wie wirtschaftlichen und verkehrsplanerischen Belangen.

Auch bei der "inneren Erschließung", d.h. bei der Gestaltung der Verkehrs- und Versorgungsnetze innerhalb von Baugebieten, werden eindeutig Prioritäten gesetzt. "Die Struktur des Verkehrsnetzes ist im Zusammenhang mit der Gebäudeanordnung, den tiefbautechnischen Anforderungen und der Parzellierung so zu entwerfen, daß die Summe aller für den Fußgänger zurückzulegenden Entfernungen möglichst gering wird". Damit ist auch die zentrale Bedeutung der öffentlichen Personen-Nahverkehrs-

mittel hervorgehoben, die wegen der finanziellen Auswirkungen
möglichst frühzeitig und leistungsfähig bereitgestellt werden
sollen. Die Richtlinie fordert, daß um die Haltestellen dichtere
Bebauung bevorzugt angeordnet wird und hebt hervor, daß
"Gebiete mit geringer baulicher Nutzung (z. B. Vorortwohnge-
biete mit Einzelhausbebauung) durch den öffentlichen Personen-
Nahverkehr nicht immer wirtschaftlich erschlossen werden
können". Vergeblich sucht man jedoch nach festen Angaben für
Art und Maß der baulichen Nutzung. Es kann nicht Aufgabe einer
verkehrsplanerischen Richtlinie sein, etwa Mindest- oder Ober-
grenzen für die Geschoßflächenzahl anzugeben; diese Werte können
einmal nur in einer städtebaulichen Gesamtschau gesehen werden und außerdem ist der Zusammenhang zwischen Bebauungsdichte und Verkehrsaufkommen - gemessen an der Zahl der
Fahrten verschiedener Verkehrsmittel je Zeit- und Flächeneinheit - äußerst variabel: die Lage eines Wohn-Baugebietes zur
Arbeitsstätte und zum Stadtkern, die Qualität öffentlicher Verkehrsmittel und viele andere Faktoren haben entscheidenden
Einfluß auf die Größen, die für die Dimensionierung von Verkehrsanlagen wichtig sind.

Auch im Abschnitt über innere Erschließung werden wieder
mögliche Umweltgefährdungen (Lärm, Verkehrsgefahren) angesprochen, daneben aber auch wirtschaftliche Gesichtspunkte.
So sollen z. B. die Erschließungsanlagen möglichst für mehrere
Zwecke genutzt werden können. Besondere Hinweise gelten
den Schulen; Grundschulen sollen zu Fuß gefahrlos erreichbar,
die übrigen gut an das Netz der ÖPN angeschlossen sein. Schließlich wird auch der Einfluß der Erschließungskosten auf die Gesamtkosten einer städtebaulichen Maßnahme hervorgehoben.
Bauherren und Gemeinden können nur dann wirtschaftlich bauen,
wenn die Kosten für das Bauland im angemessenen Rahmen
bleiben.

Erschließungsnetze

Die Wahl der Erschließungsnetze hat besonders einschneidende Folgen für den Standard von Baugebieten. Zu einem hohen Maß hängt es von der Netzgestaltung ab,

o ob viele Verkehrsunfälle zu erwarten sind,

o ob verkehrsarme Zonen entstehen, die den Bewohnern Ruhe und den Kindern Spielmöglichkeiten lassen,

o ob das Netz leistungsfähig ist oder Verkehrsstauungen resultieren, die ihrerseits wieder Quelle mancher Belästigungen werden und

o schließlich hängen von der Netzwahl auch die Kosten ab, die auf die Allgemeinheit und auf den Einzelnen zukommen.

In diesem Zusammenhang macht die RAST-E zunächst einen grundlegenden Unterschied zwischen zwei Straßengruppen. Die erste Gruppe dient in erster Linie dem überörtlichen und ortsverbindenden Verkehr, die zweite vornehmlich der Erschließung der Grundstücke. Zu den letzteren gehören Sammel- und Anliegerstraßen, befahrbare und nicht befahrbare Wohnwege, Fußgängerstraßen (in Kernbereichen) sowie selbständig geführte Geh- und Radwege. Die Differenzierung des Straßennetzes nach verschiedenen Straßengattungen ist die Grundvoraussetzung für die Schaffung verkehrsarmer Baubereiche. Erst wenn Fremdverkehr aus Anlieger- und Sammelstraßen herausgehalten wird, eröffnet sich die Chance, "environments" zu schaffen, die hohen Wohn- und Freizeitwert bieten (3), (4).

Selbstverständlich darf man nicht übersehen, daß in älteren Baubereichen eine scharfe Trennung der Straßen nach ihrer Funktion nicht immer möglich ist. Hier muß man Übergangslösungen in Kauf nehmen.

Von großer Bedeutung für das Ziel, den Fremdverkehr aus Baubereichen herauszuhalten und verkehrsarme Zonen zu schaffen, ist die Anordnung und Ausbildung der Knotenpunkte. Grundsätzlich wird verlangt, daß hier möglichst einfache und übersichtliche Formen Anwendung finden. Gleichzeitig gilt der Grundsatz, daß Knotenpunkte möglichst unfallsicher, kostensparend und leistungsfähig angelegt werden sollen. Die RAST-E gibt eine Reihe von Hinweise, wie diese Ziele zu erreichen sind.

Die Kombination verschiedener Straßentypen und Knotenpunktformen mit der Bebauung ergibt eine Reihe charakteristischer Straßen- und Wegenetze. Dabei steht im Vordergrund die Frage, ob man gezielt eine Trennung von Geh- und Fahrverkehr erreichen will oder ob man sich damit begnügt, auf konventionelle Art nur Fahrbahn und Gehweg parallel zueinander anzuordnen. Selbstverständlich sind auch bezüglich dieser Unterscheidung viele Mischformen möglich, ja sie werden sowohl aus gestalterischen als auch aus wirtschaftlichen Gründen meist unentbehrlich. Immerhin erscheint es angebracht, Erschließungsnetze für Baugebiete zunächst von dem Gesichtspunkt der Schaffung möglichst verkehrsarmer und ruhiger Zonen zu betrachten.

Die seit dem vorigen Jahrhundert weithin gebräuchliche Form der Erschließung ganzer Stadtteile durch gleichbreite und ähnlich gestaltete rasterförmige Straßennetze (BILD 1) bringt zweifellos einige Vorteile: kurze Wege für alle Verkehrsarten, weil alle Straßen allen Verkehrsteilnehmern offen stehen, gute Ausweichmöglichkeiten bei Überlastungen und Bauarbeiten und auch eine ausgeglichene Verkehrsverteilung, wenn die Voraussetzungen günstig sind. Damit sind aber auch schon

RASTERNETZ

KEINE KLASSIFIZIERUNG VON STRASSEN UND WEGEN. MEIST ZUFÄLLIGE ANORDNUNG DER ZENTRALEN EINRICHTUNGEN.

 1

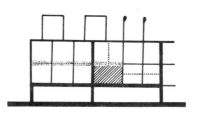

DIFFERENZIERTES RASTERNETZ

UNTERTEILUNG DES VERKEHRS- UND ERSCHLIESSUNGSNETZES UND ENTSPRECHENDE SINNVOLLE BEMESSUNG DER EINZELANLAGEN. BESSERE PLAZIERUNG DER ZENTRALEN EINRICHTUNGEN MÖGLICH.

 2

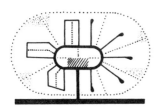

INNENRINGNETZ

FAHRVERKEHRSFREIE ZONE IM KERN DER SIEDLUNG MIT ZENTRALEN EINRICHTUNGEN UND GRÜNFLÄCHEN. ALLERDINGS ABTRENNUNG DER AUSSENLIEGENDEN WOHNBEZIRKE DURCH DIE RINGSTRASSE.

 3

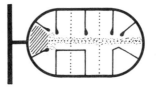

AUSSENRINGNETZ

WEITGEHENDE bzw. VÖLLIGE TRENNUNG VON GEH- UND FAHRVERKEHR MÖGLICH. BESONDERES GEHWEGNETZ. ZENTRALE EINRICHTUNGEN IM INNERN DES GEBIETES. ABTRENNUNG DES BAUGEBIETES VON DER UMGEBUNG DURCH DIE RINGSTRASSE.

 4

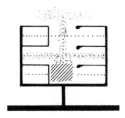

ZANGENFÖRMIGES NETZ

WEITERENTWICKLUNG DES AUSSENRING- NETZES (FORTFALL DER RINGSTRASSE AN DER NUR GERING BELASTETEN STELLE). EINBEZIEHUNG DER LAND- SCHAFT IN DAS BAUGEBIET MÖGLICH.

 5

    ZENTRALE EINRICHTUNGEN
   GRÜNFLÄCHEN (MIT GEHWEGEN)

die Nachteile charakterisiert. Die Verkehrsmengen können höchstens durch massierte Schilderwälder gelenkt und kontrolliert werden, es gibt viele und oft unfallträchtige Knotenpunkte, unerwünschter Durchgangsverkehr tritt überall auf und Lärm, Staub und Abgase belasten ganze Stadtteile.

Man hat vielfach versucht, die Nachteile der Rasternetze dadurch abzubauen, indem man nach Haupt- und Nebenstraßen unterscheidet und auf einige Querstraßen verzichtet. Die so entstandenen differenzierten Rasternetze (BILD 2) haben gegenüber dem klassischen Raster zwar Vorteile; sie sind jedoch auch oft unübersichtlich und besitzen nicht die oben genannten Vorteile der reinen Rasternetze. Immerhin ermöglichen sie es jedoch, verkehrsärmere Zonen zu schaffen, weil die Verströme auf einige Straßen konzentriert werden.

Mit der Zunahme der Motorisierung wuchs das Bedürfnis, fahrverkehrsfreie Zonen zu schaffen. Für kleine bis mittelgroße Bauflächen bedient man sich dabei solcher Netzformen, die ohne zusätzliche Aufwendungen für Knotenpunkte in verschiedenen Ebenen (Fahrebene - Fußgängerebene) auskommen.

Dazu gehört zunächst das Innenringsystem (BILD 3), das im Kern von (Wohn-)Bauflächen eine fahrverkehrsfreie Zone zuläßt, Durchgangsverkehr von Anliegerstraßen fernhält und für den Busverkehr gute Voraussetzungen schafft. Allerdings trennt die ringförmige Sammelstraße den Kern von den Wohngebieten und verursacht Lärmbelästigungen; die an ihr liegenden Knotenpunkte sind oft schwierig zu lösen, weil sie häufig sehr dicht zusammenliegen.

Diese Nachteile vermeidet das Außenringnetz (BILD 4):
Geh- und Fahrverkehr können hier wirksam getrennt werden;
ein zusammenhängendes Gehwegenetz erschließt den gesamten
Bereich. Nachteilig bemerkbar machen sich die längeren Umwege im Binnenverkehr und auch die Abtrennung der Bauflächen von ihrer Umgebung. Schließlich können wegen der längeren Sammelstraßen auch zusätzliche Erschließungskosten entstehen.

Zangenförmige Netze (BILD 5) beinhalten die Vorteile von Außenringnetzen, ohne daß Zusatzkosten bei der Erschließung entstehen müssen. Als nachteilig ist hier zu vermerken, daß im Verknüpfungsbereich der Sammelstraßen mit dem übergeordneten Verkehrsstraßennetz stärkere Verkehrsbelastungen auftreten können und daß im Binnenverkehr oft längere Umwege auftreten. Der letzte Umstand wird oft von Versorgungsdiensten (Müllabfuhr, Post) zum Anlaß genommen, zangenförmige Netze (und auch Stichstraßen) prinzipiell abzulehnen. Dagegen ist einzuwenden, daß eine geschickte Betriebsplanung und vielleicht auch besondere Durchfahrmöglichkeiten Abhilfe bringen können. Schließlich sind die Prioritäten klarzustellen: verkehrsarme Wohnzentren sind wichtiger als ein optimaler Betriebsabfluß bei der Müllabfuhr.

In größeren und dicht bebauten Baubereichen kann das Verkehrsaufkommen in Verkehrs- und Sammelstraßen so anwachsen, daß Fußgänger diese Straßen nicht mehr gefahrlos überqueren können. In solchen Fällen ist es unerläßlich, Fußgängerüberwege über Straßen in eine andere Ebene zu legen (BILD 6). Solche Lösungen bringen auf der einen Seite Sicherheit im Verkehrsablauf bei großen und dicht bebauten Bereichen, auf der anderen Seite aber auch empfindliche Kostensteigerungen. Die Lärmbelästigung an solchen Straßen bleibt natürlich fast unverändert, so daß die Einhaltung der zumutbaren Lärmpegel (5) schwerfallen dürfte. Verdichtung der Bebauung bringt also keineswegs ausschließlich Vorteile mit sich, wenn gewisse Grenzwerte überschritten werden (6).

Die RAST-E weist ausdrücklich darauf hin, daß "die Wirtschaftlichkeit der Erschließungsnetze nicht generell beurteilt werden" kann, da Topographie und Bauprogramm zu beachten sind und viele Besonderheiten mit sich bringen (7).

Anliegerstraßen

Innerhalb der Straßennetzformen sind i. a. vier Anliegerstraßentypen üblich (BILD 7). Die einfachste Form ist die Rasterstraße, die in Rasternetzen gestreckt zwischen zwei Sammel- oder Verkehrsstraßen verläuft. Da zwei Anschlüsse vorhanden sind, kann diese Straße relativ lang bemessen werden; sie verursacht dementsprechend niedrige Erschließungskosten. Die Länge der Anliegerstraßen verleitet jedoch erfahrungsgemäß zu schnellem und unfallträchtigem Fahrverhalten und außerdem besteht die Gefahr, daß gebietsfremder Durchgangsverkehr angezogen wird.

Gerade der letzte Nachteil wird bei den in BILD 7 gezeigten, nicht gestreckt verlaufenden Anliegerstraßentypen vermieden, weil diese Straßen nur an eine höherrangige Straße angeschlossen sind. Diese Straßen sind verkehrsärmer; sie haben jedoch auch Nachteile.

So ist bei Schleifenstraßen und Schleifenstichstraßen die relativ weitgehende Überlappung der Erschließungszonen zu nennen, die zu höheren Kosten führt. Bei Stichstraßen entstehen durch die Wendeanlagen etwas höhere Kosten, außerdem ist hier zu vermerken, daß für Versorgungsdienste Umwegfahrten entstehen.

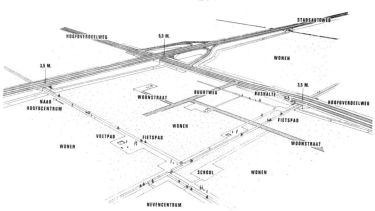

Trennung von Geh-, Fahrrad- und Kraftfahrzeugverkehr ⑥

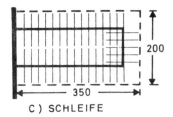
C) SCHLEIFE

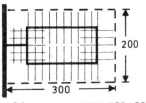
D) SCHLEIFENSTICHSTRASSE

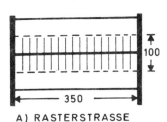
A) RASTERSTRASSE

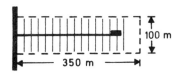
B) STICHSTRASSE

DIE NICHT SCHRAFFIERTEN FLÄCHEN ERFORDERN BESONDERE ERSCHLIESSUNGSELEMENTE

ANLIEGERSTRASSE MIT ERSCHLIESSUNGSZONEN
SAMMELSTRASSE

Erschließungelemente im Baublockbereich ⑦

Eine eindeutige Empfehlung, welcher Anliegerstraßentyp zu bevorzugen ist, kann und will die RAST-E nicht geben, da die speziellen örtlichen Verhältnisse zu beachten sind. Immerhin werden jedoch eindeutige Nachteile der Rasterstraßen herausgestellt.

Sehr kurz behandelt wird in dem Grundsatzkapitel zur Erschließungsplanung das Gebiet der <u>Wohnwege</u> und <u>Fußgängerstraßen</u>: diese seien "aus gestalterischen und wirtschaftlichen Gründen" häufig sinnvoll. In der in der RAST-E beigefügten Abbildung zur Querschnittsgestaltung von Erschließungswegen wird das Thema jedoch ausführlicher behandelt. Aus der Darstellung geht eindeutig hervor, daß es bei bestimmten Bebauungsformen durchaus sinnvoll ist, befahrbare Wege zu bauen, deren Querschnitt schmaler ist als der von Anliegerstraßen.

Insgesamt bringt die RAST-E in den Kapiteln 3. und 4. eine eindeutige Festlegung auf Prioritäten, die bei der Erschließung von Baugebieten zu beachten sind. Diese sollen dazu beitragen, unseren Städten und Dörfern möglichst hohe Lebensqualität zu geben. Wohn- und Arbeitsgebiete sollen so angelegt werden, daß die erforderlichen Verkehrsanlagen sich möglichst störungsfrei in ein städtebauliches Gesamtkonzept einordnen.

LITERATURVERZEICHNIS

(1) Forschungsgesellschaft für das Straßenwesen e.V., Köln, Arbeitsgruppe Planung und Verkehr - Stadtstraßen: Richtlinien für die Anlage von Stadtstraßen (RAST) Teil: Erschließung (RAST-E). Ausgabe 1971. Kirchbaum Verlag Bonn-Bad Godesberg 1972.

(2) Forschungsgesellschaft für das Straßenwesen e.V., Köln, Arbeitsgruppe Planung und Verkehr - Stadtstraßen: Richtlinien für die Anlage von Stadtstraßen (RAST) Teil: Anlagen des öffentlichen Personennahverkehrs, Ausgabe 1961. Kirchbaum Verlag Bonn-Bad Godesberg 1961.

(3) Buchanan, C.: Verkehr in Städten. Vulkan-Verlag Essen 1963.

(4) Hollatz v. J.W. und Tamms, F.: Die kommunalen Verkehrsprobleme in der Bundesrepublik Deutschland. Hrsg.: Der Bundesminister für Verkehr, Bonn 1965. Vulkan-Verlag Essen.

(5) DIN 18 005 Blatt 1 (Deutsche Normen): Schallschutz im Städtebau. Hinweise für die Planung; Berechnungs- und Bewertungsgrundlagen.

(6) Teichgräber, W.: Ermittlung der Gesamtkosten neuerer Wohnanlagen unterschiedlicher Bebauungsdichte unter besonderer Berücksichtigung der Erschließungs- und Stellplatzkosten. In: Forschungsarbeiten aus dem Straßenwesen, Heft 88. Kirschbaum Verlag Bonn-Bad Godesberg 1972.

(7) Gassner, E.: Städtebauliche Planungselemente III Erschließung. Studienheft 6 des Städtebauinstituts Nürnberg. Nürnberg 1967.

(8) Strack, H.: Erschließungssysteme und ihre Wirtschaftlichkeit. Studienheft 35 des Städtebauinstituts Nürnberg.

Rudolf Swoboda

SANIERUNG UND VERKEHRSPLANUNG ALS ELEMENTE
KOMMUNALER ENTWICKLUNGSPLANUNG
(ZUSAMMENHÄNGE UND WECHSELWIRKUNGEN)

Problem
========

Daß Verflechtungen im städtebaulichen Bereich ständig zunehmen und Spezialisierungen immer ausgeprägter und zugleich notwendiger werden, ist allenthalben anerkannt. Daß überproportionale Zunahme einer bestimmten Fachplanung die Gefahr einer zu engen Betrachtungsweise in sich birgt, wird jedoch in vielen Bereichen der Planung - insbesondere in der Verkehrsplanung - noch sträflich vernachlässigt. Das bedeutet, daß die außer- oder andersfachlichen, also die im weitesten Sinne städtebaulichen Kräfte nur ungenügend beachtet werden bzw. daß ihre Auswirkungen gar nicht zum Zuge kommen.

Zur Sanierung einer Stadt konnte man in diesem Zusammenhang vor einigen Monaten in einer regionalen Tageszeitung sinngemäß etwa folgendes lesen: "... unserem Sanierungsvorhaben mit dem Ziel, die Altstadt interessanter, attraktiver und menschlicher zu machen, ist sicherlich nicht damit gedient, daß man alle Straßen des Stadtkerns um zwei Spuren verbreitert, und die zuständigen kommunalen Gremien sollten sich davor hüten, dem Moloch Verkehr Zeugen unserer Vergangenheit zu opfern. Nur, weil ein Gutachten konstatiert, daß man die Stadt mit einem autobahnmäßigen Vollanschluß mitten in der Stadt versehen müsse, um sie zu erhalten" (8).

Aufgabe
=======

Städtebau ist also - es klang bereits an - nicht ein notwendiges Übel bzw. Anhängsel zur Verkehrsplanung, sondern Städtebau hat die Aufgabe, die räumlichen Bedürfnisse der Menschen hinsichtlich des Wohnens und Arbeitens, des Erholens und der geistig-kulturellen Ansprüche optimal zu befriedigen. Der Verkehr ist der Mittler, der Verkehrsweg das Bindeglied zwischen den Wohnungen, den Arbeitsstätten und sonstigen Anlagen eines Stadtgebietes. Mittler und Bindeglied auch zum Umland, zur Region und zu den Nachbargemeinden, mit denen Beziehungen vielfältiger Art und unterschiedlicher Intensität bestehen.

Das Bundesbaugesetz setzt für die Bauleitplanung fest, daß sie sich "nach den sozialen und kulturellen Bedürfnissen der Bevölkerung, ihrer Sicherheit und Gesundheit" zu richten hat, wobei die öffentlichen und privaten Belange gegeneinander und untereinander gerecht abzuwägen sind. Die Bauleitpläne sollen den Wohnbedürfnissen der Bevölkerung dienen, den Bedürfnissen der Wirtschaft, Landwirtschaft usw. und denen des Verkehrs Rechnung tragen (vgl. § 1 BBauG).

Ein umfassender Katalog, der schon zeigt, daß eine einseitige Betrachtungsweise der gegebenen Verhältnisse und anzustrebenden Teilziele dem Sinn städtebaulicher Planung widersprechen würde. So kann und darf auch die Verkehrsplanung nur als eine sinnvoll in eine Gesamtkonzeption einzuordnende, allerdings dynamische Teilaufgabe, gesehen werden. Diese Dynamik erfordert eine realistische Festsetzung der Ziele der Verkehrsplanung. Gleichzeitig ist auch an die vielfältigen Auswirkungen auf die Gemeinschaft zu denken, nicht nur an das Kraftfahrzeug. Die sozialen Bedürfnisse und ökonomischen Möglichkeiten müssen angemessen berücksichtigt werden, will man den Gemeinden und Regionen nicht nur ein technisch funktionierendes, sondern auch ein wirtschaftlich tragbares und sozial zukunftsträchtiges Versorgungsnetz anbieten.

Das bedeutet zum Beispiel auch, Vorstellungen dahingehend zu entwickeln, die künftigen Verkehrsmengen nicht allein aus dem Trend der letzten Jahre hochzurechnen, sondern sie unter Umständen mit städtebaulich vertretbaren oberen Grenzen festzusetzen. Denn Ziel ist nicht eine autogerechte, sondern vor allem eine menschengerechte Stadt.

Wie sieht nun das städtebauliche Leitbild aus, auf das hin wir eine Neuordnung versuchen möchten? "Man denkt sich die ideale Stadt um das Stadtzentrum, den Verwaltungs- und Geschäftsbezirk organisiert. Ein Grünflächensystem, das die Quartiere durchgliedert und umschließt, und diese zugleich mit dem zentralen Stadtbereich verbindet. Hier befinden sich die privaten und öffentlichen Versorgungs- und Gemeinbedarfseinrichtungen (Folgeeinrichtungen), die für das gesamte Gemeinwesen notwendig sind und darüber hinaus auch das Umland bedienen. Durch Aufteilung der Baugebiete in verschiedene Nutzungszonen, durch Angliederung lokaler Kleingewerbegebiete an Wohnquartiere und eigene Gewerbe- und Industriequartiere ist den verschiedenen wirtschaftlichen Bedürfnissen Rechnung getragen" (4).

Die Verkehrsteilnehmer sollen ein übersichtliches, konsequent abgestuftes Netz der Straßen innerhalb des Stadtgebietes finden, das die Baugebiete erschließt, sowie untereinander und mit dem Zentrum verknüpft. Der regionale und überregionale Verkehr tangiert den zentralen Stadtbereich, ohne ihn zu zerschneiden.

Beispiele
=========

Die anstehende Problematik soll anhand von zwei konkreten Planungsfällen erläutert werden, weil sich vor allem bei der Analyse negativer Beispiele wesentliche Fehler besonders anschaulich erläutern lassen

Beispiel 1:
Für eine nach den Vorstellungen der Landesplanung zu einem vollwertigen Mittelzentrum auszubauende Stadt in der Pfalz sollte eine Untersuchung zur kommunalen Entwicklungsplanung ausgearbeitet werden mit dem Ziel, einen Flächennutzungsplan als städtebauliches Leitbild zu erstellen und eine Sanierungsplanung für den Kernbereich in Gang zu setzen.

Zu den vordringlichen Sorgen gehörte die sich anbahnende Verkehrsnot in der Stadt, vor allem ausgelöst durch den durch die Innenstadt fließenden Durchgangsverkehr einer Bundesstraße.
Trotz Zeitdruck darf es nicht zu einer einseitigen Behandlung des Problems nur aus der Sicht des Straßenbaues führen, man muß vielmehr in solchen Fällen primär städtebaulich vorgehen. Denn die künftige Führung der klassifizierten Straßen und die Gestaltung des anzubindenden Ortsstraßennetzes ist Grundlage jeder weiteren kommunalen Planung. Dabei ist für das aus-

zubauende Zentrum von großer Bedeutung, daß seine zentralen Einrichtungen und die angebotenen Arbeitsplätze schnell, sicher und bequem erreichbar sind.

Wie BILD 1 zeigt, war die Trasse für die künftige Führung der Ortsumgehung der Bundesstraße parallel zu einer Eisenbahnlinie durch das Straßenbauamt bereits geplant, das Planfeststellungsverfahren war eingeleitet.
Absolut unbefriedigend ist der gleichzeitig bearbeitete Entwurf für den Anschluß der Stadt an die neue Bundesstraße, der im Zuge der vorhandenen Landstraße mit einem Überführungsbauwerk und Dämmen bis zu 7 Meter Höhe im unmittelbaren Eingangsbereich zum Stadtkern erfolgen soll. Dieser Vorschlag geht davon aus, vorhandene, für die neue Bundesstraße unterbrochene Verkehrsbeziehungen in den vorhandenen Trassen wiederherzustellen. Die Entwicklung der Stadt und städtebauliche sowie ästhetische Gesichtspunkte blieben hierbei unberücksichtigt. Der gesamte Ost-West- sowie der abknickende Durchgangsverkehr verbleiben darüber hinaus bei dieser Lösung auch weiterhin im Stadtkern und machen dort eine sinnvolle Neuordnung unmöglich.

Eine weitere Variante für den Stadtanschluß ist in BILD 1 b gestrichelt eingetragen. Diese Linienführung führt zwar den Verkehr nicht mehr direkt in den Stadtkern, tangiert ihn jedoch so nah, daß jegliche Erweiterungsmöglichkeiten ausscheiden. Damit vergibt diese Linie eine große städtebauliche, planerische Chance: es wird unmöglich, im direkten Anschluß an den Geschäfts- und Kirchplatzbereich ein städtebaulich attraktiv zu gestaltendes Gemeinbedarfszentrum für das Mittelzentrum zu konzipieren.

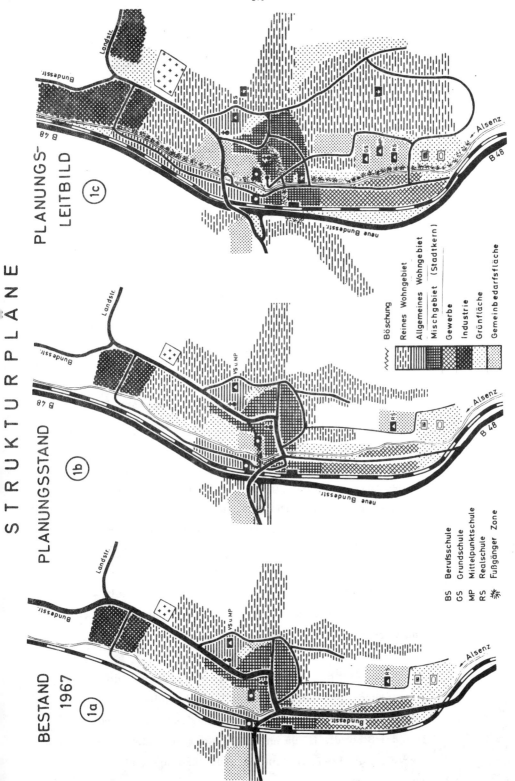

Der schließlich vorgeschlagene und zur Ausführung kommende Entwurf ist in BILD 1 c dargestellt. Dabei wird der gesamte Durchgangsverkehr abgeleitet, ohne den Stadtkern zu berühren. Der Stadtkern, die Wohnbereiche und das Gewerbegebiet werden störungsfrei an das übergeordnete Straßennetz und damit an das Umland angebunden. Im nun weitgehend verkehrsfreien Stadtkern können schrittweise Erneuerungsmaßnahmen ergriffen werden.

Die Lösung, auf dem Prinzip verkehrsmäßiger Differenzierung der Straßen aufgebaut, wird mithin gleichermaßen örtlichen sowie den überörtlichen Verkehrsverhältnissen und den städtebaulichen Erfordernissen gerecht.

Beispiel 2:
Hier handelt es sich um ein voll ausgebautes Mittelzentrum, das bei einer Kernbevölkerung von knapp 10.000 Einwohnern bis zu 50.000 Personen auf den verschiedensten Sektoren versorgt.

Es bestand die Aufgabe, nach Vorlage des regionalen Raumordnungsplanes ein kommunales Entwicklungskonzept in Form eines Flächennutzungsplanes vorzulegen, wobei sich im Laufe der Bearbeitung die Notwendigkeit ergab, für den Stadtkern einen konkreten Sanierungsplan zu erarbeiten, da ansonsten die städtebaulichen Überlegungen im Rahmen der Flächennutzungs- und Verkehrsplanung nicht konkretisiert werden konnten.

BILD 2 a zeigt den Bestand des Verkehrsnetzes. Die Hauptachsen des übergeordneten Verkehrs sind die in Nord-Süd-Richtung verlaufende Bundesstraße, nördlich der Stadt die L 395 und südlich der Stadt die in Ost-West-Richtung verlaufende Autobahn sowie eine weitere Landstraße.

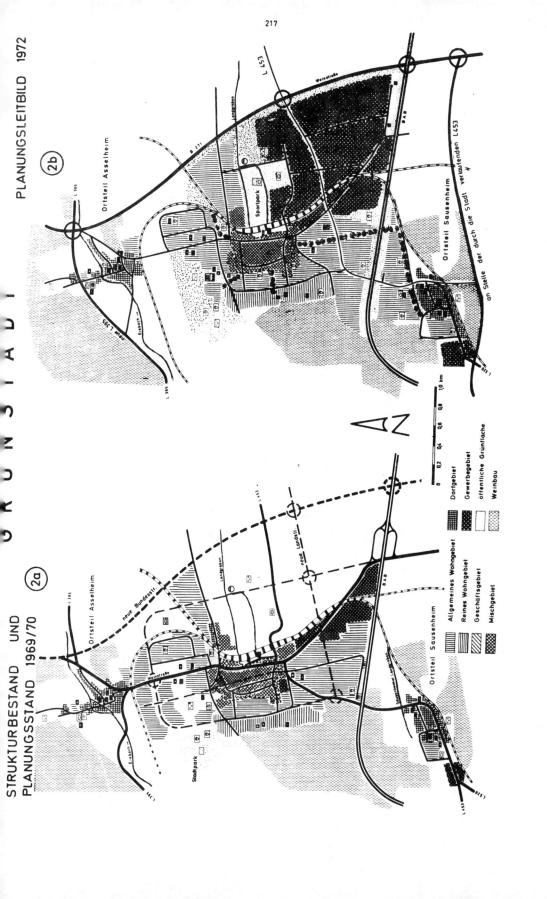

Das Verkehrsnetz des Sanierungsgebietes besteht im wesentlichen aus der Bundesstraße und der Hauptstraße im eigentlichen Zentrum. Hinzu kommt der zwischen dem Stadtkern und den Wohnbereichen verlaufende Nord-West- und Südring.

BILD 2 a zeigt die Konzeption (gestrichelt), die der Verfasser bei Planungsbeginn vorfand. Die Lösung ist absolut unbefriedigend, da die Entwicklung der Stadt sowie sonstige städtebauliche Gesichtspunkte unberücksichtigt geblieben sind. Das gesamte Stadtgebiet einschließlich der zukünftigen Wohnbereiche wird durch eine Vielzahl von parallel verlaufenden Straßen durchschnitten. Das Prinzip verkehrsmäßiger Differenzierung ist völlig unter den Tisch gefallen.

Der eingezeichnete "Große Ring" durchschneidet im Norden der Stadt attraktives Wohnbauland am Fuße des Stadtparks sowie vorhandene Grünzonen in Verbindung mit dem Freischwimmbad und "erschließt" (zerschneidet) hier rund 20 ha Bruttobauland. Die ohne Anfang und ohne Ende parallel zur alten Bundesstraße geführte Trasse mitten durch die Stadt kommt einer mutwilligen Zerstörung gleich.

BILD 2 b gibt einen Überblick, wie die anstehenden Probleme verkehrstechnisch wie auch städtebaulich so gelöst werden können, daß sie den überregionalen, den regionalen sowie den innerstädtischen Forderungen gerecht werden.

Eine nördliche Umgehung der L 395 sowie eine südliche Neutrassierung der L 453 leiten in Verbindung mit der neuen B 271 den gesamten Durchgangsverkehr ab. Diese neue Führung hat einen direkten Anschluß an die B 271, sie gestattet, daß die Landstraße in gestreckter Linienführung nach Osten weiter geführt werden kann und einen sehr hohen Anteil des Schwerverkehrs, der von Osten nach Süden zur Autobahn fließt, aufnimmt. Das Gewerbegebiet sowie der empfohlene Sportpark mit Bezirkssportanlage ist damit direkt an das übergeordnete Verkehrsnetz angeschlossen (Lkw-Verkehr, Pendler).

In der nächsten Stufe des Verkehrsnetzes sorgt ein großer Ring für die Verteilung des Ziel- und Quellverkehrs und ist gleichzeitig Hauptträger des innerstädtischen Verkehrs. Ein kleiner Ring sorgt für die Erschließung des eigentlichen Stadtzentrums (Parkplätze, rückseitige Andienung) und der angrenzenden Wohngebiete.

Der ruhige Innenstadtbereich (rd. 250 m breit) wird nur noch durch Stichstraßen bzw. Schleifen erschlossen. Diese Konzeption gestattet es:

1. eine dem Fußgänger vorbehaltene Zone zu schaffen, die durch rückwärtige Andienung optimal versorgt werden kann,

2. günstige Verbindungen zwischen Stadtkern und übrigem Stadtgebiet anzulegen, insbesondere durch das Angebot attraktiver, gefahrloser Fußwegverbindungen und

3. eine ruhige Zone zu planen, innerhalb derer die Innenstadt als attraktives Wohngebiet wieder aufgewertet werden kann (ein wesentliches Ziel der Sanierung). Dies ist darüber hinaus die einzige Möglichkeit, um einer sozialen Entmischung durch den Auszug der finanziell besser gestellten und der jüngeren Bevölkerungsschichten entgegenwirken zu können.

BILD 3 zeigt, inwieweit sich hieraus ein konkreter Vorschlag für einen Sanierungsrahmenplan entwickeln läßt.

Zum Schluß sei noch eine Variante vorgetragen, die vor einigen Monaten im Rahmen eines Verkehrsgutachtens der Stadt vorgelegt worden ist. "Kahlschlag im Namen des Fortschritts?" Wem diese Formulierung zu polemisch erscheint, möge sich BILD 3 c ansehen. Die der Stadt vorgelegten Trassen wurden hier vom Verfasser in den Sanierungsrahmenplanentwurf eingetragen.

Wenn man dieses Konzept sieht, muß man glauben, daß aus all den vielen Fehlplanungen keine Konsequenzen gezogen werden.

Unsere alten Stadtkerne müssen aber nicht sterben, wenn wir es nicht wollen. Es ist möglich und vernünftig, sie zu erhalten und zu erneuern. Nur genügt es nicht - wie unsere Beispiele gezeigt haben - ihren Tod nicht zu wollen. Man muß vernünftige Entwicklungskonzeptionen vorlegen und realisieren. Die Randbebauung einer autobahnähnlichen Straße und die architektonische Garnierung einer Verkehrsinsel sind und bleiben kein Ersatz für eine zukunftsweisende städtebauliche Konzeption.

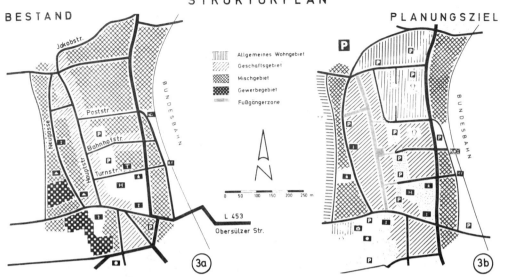

LITERATURVERZEICHNIS

(1) Göderitz, J.: Der städtebauliche strukturelle Erneuerungsbedarf. In: Bundesbaublatt 16. Jg. Heft 5/1967 und 6/1967.

(2) Gassner, E.: Städtebau als Gemeinschaftsaufgabe. In: Allgemeine Vermessungsnachrichten, Heft 1/1964.

(3) Fischer, Kl.: Das Einzelne und das Ganze in der Raumplanung. In: Innere Kolonisation. 17. Jg., Heft 3/1968.

(4) Grabe, H. und Swoboda, R.: Kommunale Entwicklungsplanung der Stadt Rockenhausen Teil 1: Generelle Verkehrsplanung. Bonn 1967.

(5) Swoboda, R. und Heitmann, J.: Grünstadt - Strukturgutachten zur Stadtkernsanierung. Bonn 1970.

(6) Kluhspieß, K.: Zerstörung eines der schönsten städtischen Flußufer von Europa. In: Baumeister, 66. Jg., Heft 12/1969.

(7) Kratz, G.: Stadtsanierung in kleinen kreisangehörigen Städten. In: Kommunalwirtschaft, Heft 10/1966.

Anschriften der Verfasser
========================

Institut für Städtebau, Siedlungswesen und Kulturtechnik der
Universität Bonn, 53 Bonn 1, Nußallee 1:

   o. Prof. Dr. -Ing. Berthold Baitsch, Inhaber des Lehrstuhls für Kulturtechnik.

   Dipl. -Ing. Joachim v. Barby, Wissenschaftlicher Assistent

   Dipl. -Ing. Dieter Bohr, wissenschaftlicher Mitarbeiter

   Dipl. -Ing. Hartmut Eicker, Doktorand

   Dipl. -Ing. Joachim Fritz, Wissenschaftlicher Assistent

   Dipl. -Ing. Rolf Grundmann, Doktorand

   Dipl. -Ing. Manfred Hofstädter, Wissenschaftlicher Assistent

   Dipl. -Ing. Eiko Lübbe, wissenschaftlicher Mitarbeiter

   Dipl. -Ing. Heinz-Hubert Menne, Wissenschaftlicher Assistent

   Dipl. -Ing. Volker Mertens, Wissenschaftlicher Assistent

   Dr. -Ing. Hans Radermacher, Akademischer Rat

   Dr. -Ing. Heinrich Richard, Oberingenieur

   Dipl. -Ing. Josef Stegt, wissenschaftlicher Mitarbeiter

   Prof. Dr. -Ing. Herbert Strack, Wissenschaftlicher Rat

Dipl. -Ing. Ursula Blatz, Deutsche Bauentwicklung GmbH.,
7000 Stuttgart, Hasenbergsteige 31.

Dr. -Ing. Aloys Budde, Prokurist und Leiter der Technischen Abteilung, Gemeinnützige Siedlungsbaugesellschaft "Das familiengerechte Heim" GmbH., 6520 Worms, Weckerlingplatz 2-4.

Dr. -Ing. Hans-Peter Ellsiepen, Regierungsvermessungsrat,
Amt für Agrarordnung Düsseldorf, 4000 Düsseldorf, Karl-Rudolf-Str. 184.

Dr. -Ing. Klaus Fischer, Baudirektor, Geschäftsführer der Regionalen Planungsgemeinschaft Westpfalz, 6750 Kaiserslautern, Lauter Str. 8.

Dr. -Ing. Herbert Grabe, Technischer Beigeordneter der Stadt Meerbusch, 4005 Meerbusch, Gonellastr. 32-34.

Dr. -Ing. Christiane Holz, Planungsgesellschaft Meckenheim-Merl.
5309 Meckenheim, Hambuchshof.

Dr.-Ing. Erich Korsten, Vermessungsassessor, 4070 Rheydt, Wickratherstr. 217.

Dipl.-Ing. Herbert Millgramm, Fachhochschullehrer, 5204 Lohmar 1, Altenrather Str. 65 b.

Ing. grad. Rudolf Swoboda, Gemeinnützige Siedlungsbaugesellschaft "Das familiengerechte Heim" GmbH., 6520 Worms, Weckerlingplatz 2-4.